Philosophie für Angeber

Anton Sterzl

Philosophie für Angeber

mit Illustrationen
von Hobse

PATTLOCH

Die Deutsche Bibliothek - CIP-Einheitsaufnahme

Sterzl, Anton
Philosophie für Angeber / Anton Sterzl. -
Augsburg : Pattloch, 1999
    ISBN 3-629-00850-X

Pattloch-Verlag, Augsburg
© 1999 Weltbild Verlag GmbH

Umschlaggestaltung: Daniela Meyer, Pattloch Verlag, unter Verwendung von
Bildmotiven des Archivs für Kunst und Geschichte, Berlin
Satz: Cicero Lasersatz, Dinkelscherben
Druck und Bindung: Clausen & Bosse, Leck
Printed in Germany

ISBN 3-629-00850-X

Inhalt

Prolog
Der Mann im Vulkan

I. Wozu braucht man Philosophie?

Rock'n Roll und Philosophie • Sieben Szenen zur Beweisführung
Die Party • Das richtige Büro • Die Parteiversammlung • Die
Fußballphilosophie • Vor Gericht • Philosophie im Robinson-
Club • Der philosophisch durchtrainierte Unternehmer • Die ma-
gische Sieben • Gesund durch Philosophie

II. Welcher Philosoph paßt zu Ihnen?

Die große Typenlehre für Apotheker, Models und Beamte • Der
höhere Politiker • Die ältere Lehrerin • Die jüngere Lehrerin •
Der Pastor, katholisch • Der Pastor, evangelisch-lutherisch • Der
Beamte • Die Unternehmerin • Der Offizier • Der Ex-Offizier
der DDR-Armee • Der Studienassessor • Der Oberstudiendirektor a.D. • Die Apothekerin • Der Apotheker • Der Sparkassendirektor • Der Computerfachmann • Der Kandidat • Glaube
und Schönheit • Sind Philosophen käuflich? • Die Dialektik des
Cut, Wash & Go

III. Berühmte Philosophen und wozu man sie gebrauchen kann

Von Abaelard bis Zarathustra: Wir spielen Stadt, Land, Fluss • Der
gescheite August • Der Große aus Köln • Die Aufklärung: Von
den Sophisten zu den Nachtaufklärern • Die Intellektuellen: Ist
Augstein ein Philosoph? • Frauen-Special • Keine Xanthippe für
Sokrates • Kurtisanen und die reine Lehre • Melissengeist und
noch viel mehr • Die tapfere Héloise • Global Players: Von Konfuzius bis Lady Di • Die Chinesen • Die Araber • Die Russen

IV. Wie man selbst ein Philosoph wird

Epilog
Heines Traum und die Magd am Brunnen

Prolog

Der Mann im Vulkan

Es war eine stürmische Nacht auf Sizilien. Sie feierten wohl ein Fest zu Ehren des Empedokles, der ein Dichter, Wundertäter und Prophet, vor allem aber ein Philosoph war. Plötzlich verließ er das lärmende Fest, an dem sie ihm sogar die Königswürde im Land antragen wollten, lief hinauf zum Aetna und stürzte sich in den feurigen Krater. Man hat nie mehr etwas von ihm gesehen. Der Vulkan soll nur seine Sandalen ausgespien haben.
So erzählten sich die Leute und sie rätselten, warum er sich wohl aus diesem irdischen Leben auf so merkwürdige Weise entfernt hätte. Die einen sagten, er hätte wegen seiner Elementartheorie von Feuer, Wasser, Luft und Erde ein kühnes Experiment gewagt. Die anderen aber meinten, daß er sich aus Verzweiflung über die Ignoranz seiner Mitbürger ohne Aufhebens und mutterseelenallein in den Vulkan gestürzt hätte. Sie waren ihm der Legende nach einfach zu doof, wie wir heute sagen würden. Da wollte er nicht König sein.

Was soll uns die Geschichte lehren? Sie lehrt uns, daß ein richtiger Philosoph nicht Magier, Wundertäter oder Prophet sein soll, weil er dann nicht so leicht verzweifelt. Sie lehrt aber auch, daß die Leute sich Wissen und Lebensphilosophie aneignen sollen, damit sie lebenstüchtig werden, sich selbst verwirklichen, sich selbst darstellen und selbst Philosophen werden, damit die wahren Philosophen nicht verzweifeln.

Empedokles mußte nicht gleich in den Vulkan springen, er hätte auch in die Luft gehen oder in Sandalen hinaus aufs Meer, den Göttern der Weisheit begegnen und mit seinen Verehrern durch das Reich der Philosophie surfen können.

Schreibt Euch zu Ehren des Herrn Empedokles für den Surfkurs ein, legt die Kursbücher zurecht und steigt auf die Bretter. Die Götter und die Musen mögen gnädig unseren Kurs begleiten.

I. Wozu braucht man Philosophie?

Empedokles sprang vor Verzweiflung in den Aetna und *Sokrates* nahm mit 71 den Schierlingsbecher, weil er wahrscheinlich genug vom Philosophieren hatte. *Diogenes* verschluckte einen rohen Polypen und starb daran. *Sophokles* erstickte am Kern einer Weintraube und den *Euripides* haben die thrakischen Hunde gefressen. Auch *Seneca* hatte kein Glück mit all seiner Klugheit: ihm haben ruchlose Schergen die Adern aufgerissen. Dem armen *Spinoza* haben neidische Zeitgenossen allmählich das Lebenslicht ausgeblasen und dem *Abaelard* haben adelige Barbaren bei einem nächtlichen Überfall die Männlichkeit abgeschnitten. Und immer wieder wurden Philosophen verhaftet, verurteilt, verbannt oder verbrannt. Wozu also Philosophie, mag man sich fragen, wenn schon die alten Philosophen nicht damit zurechtkamen und kein Glück hatten? Lähmende Frage.

Rock'n Roll und die Philosophie

1516 war ein großes weltgeschichtliches Jahr. Der Engländer *Thomas Morus* schrieb nach anstrengenden Studien seine „Utopia" über die beste Staatsverfassung, der Bayernherzog Wilhelm IV. erließ seine knappe Verordnung über die Reinheit des Bieres. Die „Utopia" kennen heute nur noch einige Professoren der Philosophie oder Studenten des Staatsrechts, das Reinheitsgebot aus Bayern aber erfreut Millionen, auch Professoren und Studenten, mit anhaltender Freude, weil es als Materie und Geist auf der Zunge zergeht und den ganzen Menschen belebt. Das Reinheitsgebot ist zwar nicht das älteste Lebensmittelgesetz der Welt, wie es häufig von Bierphilosophen behauptet wird, weil schließlich schon Karl der Große das Treten der Weintrauben mit bloßen Füßen untersagt hat, aber es ist eine strenge, obrigkeitliche Verpflichtung auf Hopfen, Wasser und Gerste, die noch heute im deutschen Biersteuergesetz steht und alle europäischen Planierungsversuche überdauert hat. Wer also hat der Menschheit mehr gedient, der Philosoph oder der Herzog? Wieder nichts mit Philosophie, kein sichtbarer Ertrag? Triumph der Materie über den Geist, falls Bier nicht selbst flüssiger Geist ist? Quälende Frage.

Wenn schließlich der gescheite deutsche Philosoph *Josef Pieper*, der immerhin in Münster gelehrt hat, nach langen Studien klipp und klar erklärte, daß die Philosophie zu nichts nütze, wenn also diese Einsicht am grünen Holze geschieht, darf man sich eigentlich nicht wundern, wenn die zweite Garnitur morsch und mürbe wird. Wenn nach 2000 bis 3000 Jahren Philosophie noch nicht einmal endgültig geklärt ist, was denn nun eigentlich und letztendlich Philosophie ist und sein soll, wäre ein kategorischer Pessimismus kein Wunder.

Aber so einfach kann man sich das natürlich nicht machen, so unwidersprochen darf die Sache nicht im Raum stehenbleiben. Philosophie ist und bleibt zunächst wortwörtlich die Liebe zur Weisheit und soll dem Glück der Menschen dienen. Das muß klar sein, auch wenn sich die Philosophen erbarmungslos stritten, wie z. B. *Hegel* und *Schopenhauer* oder *Nietzsche* dies mit dem Rest der Welt taten. Philosophie hat aber auch Erfolg. Da muß man nur an die Beerdigung von *Immanuel Kant* in Königsberg im Winter 1804 denken. Da zeigten sich nach dem Bericht des Zeitgenossen Poerschke, wie sehr sich „die deutlichsten Spuren allgemeiner Hochachtung feierlicher Pomp und Geschmack vereinigten". Diese Beerdigung war eine große öffentliche Feier, an der die gesamte Stadt und die Bevölkerung aller Schichten teilnahm. Eine große Menge Menschen aus den höchsten und niedrigsten Ständen strömte in das Haus, wo der kleinwüchsige Geistesriese aufgebahrt war. Unter dem Geläut aller Königsberger Glocken wurde Kants Leiche von der akademischen Jugend in seinem Haus eingeholt, von wo der unabsehbare Zug, von Tausenden begleitet, in die Dom- und Universitätskirche ging.

Karl Popper dachte im amerikanischen Exil mit Rührung an diese außergewöhnliche Ehrung des Philosophen der Freiheit, dessen Name sogar die totale Verwüstung seiner Heimatstadt Königsberg im Jahr 1945 überstand. Daß *Kant* sich freilich in sei-

9

nen letzten Lebensjahren nahezu völlig von der Königsberger Gesellschaft isoliert hatte und nahezu unbekannt war, hatte man schon wieder vergessen.

„Wer ein Philosoph werden will, darf sich nicht vor Absurditäten fürchten", meinte der weltberühmte *Bertrand Russell*, der mindestens viermal verheiratet war, 97 Jahre alt wurde und damit wußte, wovon er sprach. Bei den Sandalen des *Empedokles* also: Philosophie war – so ähnlich wie Melissengeist – nie so notwendig wie heute, wie wir im einzelnen noch sehen werden. Sie ist wie Nachbarschaftshilfe auf dem Bau oder die tiefenscharfe Infrarotbrille im Jahrhundert der Unübersichtlichkeit. Man braucht souveränes, wissenschaftsübergreifendes Denken für Party, Schule und Demokratie, für Büro, Stammtisch, Bridge und andere Formen der gehobenen Kommunikation, damit die Gespräche gut gedeihen und über den Dunst des Fernsehniveaus hinausragen. Man braucht sie grundsätzlich gegen Frust und Langeweile, zur ständigen Selbstprüfung mit dem Ziel der Selbsterkenntnis, zur Selbstverwirklichung und Selbstbestätigung, zunächst und vor allem aber zur Selbstdarstellung. Im Zeitalter des postmodernen Skeptizismus, der alles in Frage stellt, braucht man Philosophie zur individuellen Gewissheit im Kollektiv der anderen, zur Souveränität im lustvollen Chaos der Fragezeichen, zum festen Stand im Spiel der Meinungen. Oder einfach zum Schinden von Aufmerksamkeit, zum Angeben, um hier einen Fachterminus aus dem Tischtennis oder Völkerball zu bemühen, weil die Angabe oder der Aufschlag eben das Match eröffnet und zugleich eine erhöhte Chance für den Punktgewinn bedeutet.

Einige aufgeweckte Zeitgenossen haben dies schon begriffen. Der norwegische Schriftsteller Jostein Gaarder, der die Philosophie wieder von den dürren Kathedern in die Kinderstuben und Jugendträume holen will, hat in revolutionärer Ergriffenheit verkündet, daß die „Philosophie der Rock'n Roll der neunziger Jahre" geworden ist. Sie ist es noch nicht, aber sie könnte es werden, wenn wir alle anpacken. Hochkarätiger Hoffnungsträger war schon der nebenberufliche Philosoph Keith Richards, der als Gitarrist der Rolling Stones gewiß berühmter ist als *Monteverdi* oder *Adorno*. Er hat auf jeder Tournee einen Koffer voller philosophischer Bücher dabei. Er riskierte es im Jahr 1998 sogar, in seiner Bibliothek auf die Bücherleiter zu steigen, nach einem Band von *Seneca* zu angeln und dabei von der Leiter zu stürzen. Dies war gewiß die Abkehr vom introvertierten, romantischen Poeten Karl Spitzwegs. Es war der dramatische und sogar marketinggerechte Einbruch der Philosophie in das lärmende Jahrhundert, die Wiederkehr des Thales, der am Brunnen stürzte, weil er in den Himmel sah und den Stolperstein auf Erden übersah. Diesen hat die Magd ausgelacht, dem Gitarristen hat man die Absage der Tournee nicht geglaubt, aber viele Leute wurden auf die Philosophie aufmerksam.

Plötzlich sprudelt auch in Fernsehkanälen zaghaft die neue Liebe zum Denken auf, und die Büchermacher denken über das Denken nach. Liegt wieder einmal Revolution in der Luft? Revolutionen sind bekanntlich die Lokomotiven der Weltgeschichte. Wenn es so ist, sollte man rechtzeitig auf den Zug aufspringen oder sich eine Fahrkarte besorgen. Über die Vorteile des einen wie des anderen wird zu reden sein. Daß aber Philosophie ein individueller Nutzen, ein gesellschaftlicher Vorteil und eine soziale Macht sein wird, läßt sich jetzt schon nachweisen.

Mit nichts kann man in gut situierter Gesellschaft gnadenloser brillieren als mit Zitaten, die keiner versteht. Wer den großen Tell-Monolog oder die Leichenrede des Antonius aufsagen kann, wird immer noch Herren hinreißen oder Damen aufreißen können, weil sie es hinreißend finden. Wer aber *Adornos* Dialektik der Aufklärung unter die Austernberge wirft oder *Oswald Spenglers* abendländischen Pessimismus ernährungswissenschaftlich aufgrund seiner Abneigung gegen Münchener Bier und Weißwürste erklärt, wird als „wahnsinnig interessant" deklariert, etikettiert und weitergereicht. Als Zugabe kann der so Aufgestiegene dann noch ganz nebenbei erwähnen, daß *Spenglers* sensationelles Hauptwerk „Der „Untergang des Abendlandes" zunächst gar nicht so heißen sollte, sondern „Umrisse einer Morphologie der Weltgeschichte", was natürlich kein Mensch begriffen hätte; der Verleger hatte einen Riecher, der Untergang des Abendlandes paßte genau in die depressive deutsche Stimmung nach dem verlorenen Ersten Weltkrieg; im ruchlosen Berlin der angeblich so Goldenen Zwanziger hat sogar ein Parfum so geheißen.

Tanz auf dem Vulkan gewissermaßen, wenn Sie verstehen, was ich meine, erläutert der erfolgreiche King der Partyszene seiner gläubigen Schickeria, bei der er sich einmal richtig sattessen soll. Er ist wirklich schon im Prinzip gut drauf und weiß auch noch die Überraschungseffekte im Small talk zu setzen. Wenn einer nach *Einstein* fragt, antwortet er seelenruhig, daß dieser ein schwieriger Mann gewesen sei, daß dieser Geige gespielt, Pfeife geraucht und den Photographen die Zunge rausgestreckt hätte; die Formel von der Gleichwertigkeit von Masse und Energie kann der King sogar auswendig auf die Serviette schreiben. Die Eingangstakte der V. Symphonie von Beethoven natürlich auch. Und den „Empedokles" von Hölderlin zieht er nicht unbedingt vor, aber sieht es doch gleichwertig neben Goethes Faust II. Unglaublich, schnurren sie, seine Ergebenen.

Albert Einstein, 1879 – 1955

Wenn einer schließlich die Namen der griechischen Philosophen demonstrativ auf der drittletzten Silbe betonen kann, also *Protagoras, Aristoteles, Hippokrates* und *Empedokles* in der deutschen Fassung richtig akzentuiert und auch noch das Phänomen des Proparoxytonons erklären kann, ist King, gilt als hochgebildet. Er kann beinahe wie Oscar Wilde auftreten, der seinerzeit einem Zollbeamten auf die Routinefrage, was er wohl mit sich führe, antwortete: „Nur mein Genie." Das nennt man bei Männern substantiiertes Selbstbewußtsein, bei Frauen gelungene Selbstverwirklichung. Die anderen mögen getrost von Angeberei reden oder wie der Zollbeamte die Sache nochmals überprüfen.

Szenenwechsel. Wer als Politiker philosophisch hufbeschlagen ist oder als Manager die richtig philosophischen Bücher dekorativ im Regal plaziert hat, wird Erfolg haben. Die Zigarrenmarke müssen die Herren natürlich selbst, die Damen ihre Rocklänge und Décolletétiefe zum philosophischen Typus passend, als akzidentielle, ergänzende Unterstreichung wählen. Sie alle müssen nur allmählich ergründen, welcher Philosoph zur Figur, zum Teint, zum Bankkonto oder zum Abendessen, zur Aktionärsversammlung oder zum Lehrerausflug besser paßt. Daß aber die Kenntnis der Philosophie zu ihrem eigenen Fortkommen dient, wie die Kneippkur oder die Schönheitsfarm, gilt nicht nur als Postulat, sondern als Axiom und bedarf nicht des Beweises. Der Satz ist evident.

Philosophie ist als Modell für Solisten in der Dachkammer unter dem Sternenzelt möglich, wie man von *Immanuel Kant* weiß. Man kann im Sitzen philosophieren wie die Platoniker oder im Gehen, wie die Akademiker im alten Athen und die Mönche in den Kreuzgängen ihrer Klöster.

In neuerer Zeit aber hat sich vor allem der Stammtisch als letzte Bastion des Geistes formiert, die angesichts der virtuellen Ungreifbarkeiten des elektronischen Systems als unmittelbares kommunikatives Element unentbehrlich geworden ist. Wenn Martin Luther noch dem Volk aufs Maul schaute und damit auf eine beschränkte Diagnosetechnik angewiesen war, so hat der Gast im Wirtshaus heute die Hand am Glas des Volkes und wird selbst Teil am Puls der Zeit, der trotz veränderlicher Frequenzen kräftig schlägt und meßbar ist.

Natürlich war das etwas vornehmere Gastmahl auch schon bei den Griechen und Römern literaturfähig, wenn auch nicht immer salonfähig. Im germanischen Kulturraum wissen wir von den Artusrittern und den Gralsrittern, alle vorwiegend gut bei Stimme und männlich organisiert, wenngleich seit einigen Jahren in Bayreuth auch bereits die schräge Kundry zugelassen wurde, weil sie halt auch bei den Philosophen Wagners dabei sein wollte.

Der Stammtisch ist weniger elitär als diese Clubs. Es wird aber auch wie in der Oper gelegentlich gesungen, wenn es spät geworden und die Runde gefestigt gegen Einflüsterungen von außen ist. Das ist eine Standardsituation. Wer dann zu spät oder zu nüchtern an den Tisch kommt, den bestraft fast regelmäßig auch das Leben, wie es der ehemalige russische Staatspräsident und jetzige

Freizeitphilosoph Michail Gorbatschow schon vorhergesehen hat. Wer zu früh kommt, ist allerdings auch des öfteren schlecht dran.

Der Stammtisch ist der Triumph des kollektiven Denkens über den Small talk. Er ist meist aus dicken Brettern und läßt bohrende Fragen zu. Er vermittelt alles, was das Leben als Zirkus bietet: Rinderwahnsinn und Rentenerhöhungen, Fußball, Wetter, Ferienquartier und Formel I, mehr Heino als Heine und nachts ist es kälter als draußen. Man kritisiert ohne neomarxistischen Ansatz und zwingendes System Müllabfuhr und Autohändler, Rechtschreibreform und englisch singende Schlagersänger, beschimpft Fußballschiedsrichter, Polizisten und Politiker. Letztere streben vor allem in Wahlkampfzeiten nach der sogenannten Lufthoheit über den Stammtischen, die sich dann auf den Barometern der Meinungsforscher ablesen läßt.

Weil die Stammtischbrüder Bier und Tabak nicht verschmähen, aber gegen Frauenaufsicht empfindlich sind, waren schon früher empfindsame weibliche Seelen dagegen. Die französische Philosophin *Madame Germaine de Staël* rümpfte 1810 rechts des Rheins recht kritisch die Nase und schrieb ihre Gefühle gegen diese angeblich tumbe Barbarei der Deutschen auch noch auf, ohne die fundamentalen Grundlagen der ungehemmten, nur durch die Sperrstunde begrenzten, politischen Willensbildung zu begreifen. Damit hat sie auch viel Unfug angerichtet. Sie hat nämlich die Deutschen zweigeteilt in träumende Dichter und weltferne Denker auf der einen Seite und eine angeblich geistfremde, stumpfe Masse auf der anderen Seite.

„Die Denker bewegen sich hier in himmlischen Gefilden und auf der Erde findet man nur Grenadiere", hat die philosophische Reiseschriftstellerin geschrieben, die als große „Bewegerin von Ideen und tumultuöse Denkerin" galt, wie Emile Henriot schrieb. Deutschland sei ein Land von Soldaten und Stubenhockern, verkündete sie. Aber den wohltätigen Geist der tabakgebeizten Bierwirtschaft hat sie im Gegensatz zu Johann Wolfgang von Goethe, der Auerbachs Keller in Leipzig nicht nur aus Prospekten kannte, nie begriffen:

14

*„Die Öfen, das Bier und der Tabaksrauch bilden in Deutschland
um die Leute aus dem Volk eine schwere, heiße Atmosphäre,
aus der sie nur ungern heraustreten. Diese Atmosphäre schadet
der Regsamkeit ... Die Unterhaltsamkeit als Talent existiert
nur in Frankreich ..."*

Wer ihr das bloß erzählt hat? Das kann sie nicht selbst so erlebt
haben. Aber man hat noch ein Jahrhundert und länger von diesem Klischee die Bilder von Deutschland gedruckt, und wir leiden heute noch darunter, obwohl schon *Nietzsche* gesagt hat, daß
die Deutschen vielleicht nur in ein falsches Klima geraten sind.
Die Wahrheit und nichts als die Wahrheit war diese Deutsch-
landreise der Madame nicht. Man muß ihr wenigstens in der
Neuzeit mit Philosophie entgegnen. Der Geist weht, wo er will.
Und wenn er in der Kneipe wehen will, soll man ihn hereinlas-
sen. Mancherorts garantieren dafür sogar Kneipenwirte in ihrem
Curriculum mit mehreren Semestern Philosophie an der Universität, die sie dann freiberuflich an der Theke fortgesetzt haben.
Sie bieten unter dem Motto „Mensa sana in corpore sano" zur
Erinnerung an *Immanuel Kant* manchmal Königsberger Klopse,
die bekanntlich und metaphorisch schon manchem Philosophen
im Hals steckengeblieben sind. Sie verstehen sich auf den Kal-
kulatorischen Imperativ und versichern wie *Bertrand Russell*,
gewissermaßen aus einer Summe von Erfahrung und Beschreibung heraus, daß das Volk der Dichter und Denker sowohl
Installateure zum Abdichten von Problemen wie auch richtige
Philosophen braucht, die ohne Rohrzange am Volkswohl arbeiten. Der gehobene Wirt ist vormittags freiberuflicher Existentia-
list und schläft nachmittags. Seine Wirtschaft ist keine unwirtli-
che, sondern eben eine wirtliche Gegend, obwohl es dieses
Eigenschaftswort so affirmativ in der deutschen Sprachphilosophie gar nicht gibt. Der Satz „Stellt Euch vor, es gibt Freibier und
kein Mensch geht hin" gilt als seine persönliche Verfremdungs-
arbeit an Bert Brecht.

Spinnen wir dieses sokratische Streben nach dem Guten weiter, dann stellt sich der Stammtisch als letztes Reservat für die

Philosophie der Freiheit heraus. Hier können sich die schweigenden Mehrheiten artikulieren und lärmende Minderheiten formieren. Vielleicht ist es schon jemandem aufgefallen, daß es in Diktaturen keine Stammtische gibt. Sie sind nicht abhörsicher. Und vielleicht fällt uns auch noch auf, daß der Stammtisch ein Instrument gegen die allzu verödende und vereinsamende Fernsehwelt ist, die in Einzelfällen zu Depressionen und schlechten Weltgefühlen führen kann. Am Stammtisch kann sich der Mensch krampflösende, durchblutungsfördernde und vitalisierende Kräfte holen. Aber überlaßt ihn nicht den Soziologen, die ihn auf Statistiken hin untersuchen, als Durchschnittstrinker, Rechtshänder oder Linkshänder analysieren und dabei die Freiheit kaputtmachen.

In manchen Ländern findet die Philosophie nicht in der verräucherten Bierwirtschaft, sondern im lichten, luftdurchlässigen Café statt, womit allerdings noch keine Garantie auf die bessere Erleuchtung der Gedanken gegeben ist. Dies wissen wir vor allem aus Wien, wo zwischen den beiden Weltkriegen in mehreren Kaffeehäusern meist ganztägig und geradezu leidenschaftlich nachgedacht wurde. Manche Dichterphilosophen hatten dort wegen der besseren Erreichbarkeit sogar ihren postalischen Wohnsitz. Wir wissen es auch aus Paris, weil beispielsweise *Jean Paul Sartre* im „Café Flor" unter lebhafter Anteilnahme von Apachen und anderen Existentialisten seine existentialistischen Ansichten entwickelte. In Kaffeehäusern wurden immer wieder Revolutionen angedacht oder Defensiven ausgebrütet, was möglicherweise auf die Türken vor Wien und den damals schon anregenden Kaffeeduft zurückzuführen sein könnte.

Der Stammtisch ist wie das ältere Gastmahl und die modernere Party die Vorstufe zur Weisheit und der Vorhof zum Rathaus. Ein wunderbares Beispiel dafür hat bereits der griechische Geschichtsschreiber *Herodot* geliefert. Er hat ja gut 400 Jahre vor Christus schon Babylonier, Ägypter und andere Kulturnationen auf ihre Kulturleistungen abgeklopft und dabei nicht nur die Vielweiberei und andere Entgleisungen, sondern Hochleistungen der politischen Philosophie entdeckt. Bei den Persern zum Beispiel wurden schwierige Fälle zuerst in totaler Nüchternheit besprochen und dann im Vollrausch überprüft und ultimativ entschieden. Es kann auch in umgekehrter Reihenfolge passiert sein, aber die Perser kamen gut voran mit ihrer diskursiven oder dialektischen Philosophie, bis sie mehr von der Logik auf Logistik umschulten und Streit mit den Europäern anfingen. Damit haben sie, wie wir wissen, bei Salamis und bei Marathon verloren.

Sieben Szenen zur Beweisführung

Die Philosophie ist die allgemeinste und nützlichste aller Wissenschaften und gleichzeitig mehr als Wissenschaft. Diese These läßt sich leicht fundamental begründen und an einzelnen szenischen Beispielen beweisen.

Die Party

Unter allen goldbehängten Wonderbras, neben Armanis, Versaces und Krokos war sie der Star des Abends, der ein Grillabend mit Tanz war. Sie war nicht mehr die jüngste, ein bißchen verlebt und von patinierter Laszivität, das Gesicht ein wenig verwachst, die Haare rotblond aus dem Sonderangebot. Schlabberlook undefinierter Bauart. Preisgünstige Krankenkassenbrille. Ihr Make-up war die charmante Nachdenklichkeit. Mit dem Small talk über Cholesterin, Enzyme und die Fürstentöchter von Monaco konnte sie nichts anfangen, Alice Schwarzer fand sie auf dem Weg zur dialektischen Vernunft. Am Grill wurde sie plötzlich kreativ und damit attraktiv. Sie wollte kein Steak und kein Lammkotelett. Sie hatte entweder keinen Appetit oder war Vegetarierin, sie zitierte jedenfalls plötzlich *Feuerbach* im Feuerschein:

„*Der Mensch ist, was er ißt.*"

Die Mitesser erschraken. Zuerst fragte sie beiläufig, ob dieser Satz wohl auch in der neuen Rechtschreibung noch so Bestand haben könnte. Kalb oder Rind oder Schwein sein, das war dann die versteckte Frage, von der sich nur die Freunde der flüssigen Ernährung unbelastet fühlten. Der Geist der Philosophie schwebte über dem Feuer, das beim Tanz noch verhalten glühte. War es der Tango oder die Sommernacht, war es der Rioja oder das Rembrandtsche Halbdunkel: sie erzählte jedenfalls im Wiegeschritt das Höhlengleichnis von *Platon*, obwohl sie gar nicht so platonisch wirkte. Man hatte Mühe, ihr da geistig zu folgen, weil die Geschichte von den Menschen, von denen man in der Höhle nur die flackernden Schatten sah und doch auf ihre Existenz schließen konnte, eben doch das Herzstück der platonischen Ideenlehre ist. Induktiv und deduktiv, die Leiter rauf und runter, philosophierte sie, während die ersten schon nach den Zahnstochern griffen. Toll, einfach toll nach all dem Kaviar, dem Champagner und dem wilden Reis mit den Meeresfrüchten. Sie nannte sich im Laufe des Abends Diotima und wollte eigentlich eine Hetäre sein, aber nicht so fleischlich wie die Männer hierzulande denken, sondern mehr philosophisch, wie eben die klassischen Hetären von Athen, natürlich rein platonisch .

Platon, 427 – 347 v.Chr.

Ob es in dieser Nacht platonisch blieb? Wer durfte sie nach Hause bringen und ihre Bibliothek einsehen? Man weiß es nicht. Aber sie war der Star des Abends, darüber gab es auch am anderen Tag keinen Zweifel.

„Du mußt dich vorher umsehen, mit wem, dann erst, was du ißt und trinkst."

Diesen Satz von *Epikur*, von Diotima beiläufig zitiert, schrieb sich die Gastgeberin, der die dünne Zigarre noch nicht so recht stand, für das nächste Mal auf. Sie kannte bisher eigentlich nur den Wickert von der Tagesschau als Philosophen und fand ihn recht sympathisch. Aber *Platon*? Ihr Lebensabschnittsgefährte hatte immer gemeint, platonisch wäre es, wenn es kein Geld kostet. Jetzt aber wußte sie: *Platon* war ein richtiger Philosoph, und die Philosophie war der unvorhergesehene Mittelpunkt des Grillabends mit Tanz. Das mußte man sich merken.

Das richtige Büro

Er kam aus der tiefsten Provinz, hatte nur Realschule, sprach wenig, tat sich schwer mit Austern und Literatur, hörte am liebsten Operettenmusik, kannte keinen Urlaub und las außer Bilanzen nur Kriminalromane. Aber er war ein überaus erfolgreicher Manager, gefürchtet in seiner Branche, globalisiert, bewundert von Geschäftspartnern aus dem In- und Ausland. Er aß vorwiegend in der Betriebskantine, fuhr einen VW mit Porschemotor, hatte einen 16-Stundentag, Parfum von Calvin Klein oder Franz Beckenbauer am Leib, einen Zahnstocher aus Fichte in der Bleistiftschale und einen zweistelligen Millionengewinn vor Steuern. Wie hatte er das gemacht?

Ein Innenarchitekt, der früher ein paar Semester Psychologie und positives Denken in den Vereinigten Staaten studiert hatte und jetzt vorwiegend weiße Rollkragenpullover trug, hatte ihn glänzend beraten. Er hatte die Sache mit dem Porschemotor im VW, die persönlichkeitsbildende Davidoff und das philosophische Outfit erfunden. Das Managerbüro war riesig, nüchtern, ohne Blumen beinahe asketisch, hartweiß gestrichen, damit sich die Bilder besser abhoben. Chagall war dabei und natürlich ein Picasso, obwohl er ihn nicht ausstehen konnte. Ein preisgünstiger Wilder aus Kuba, der sich nur in Farben austoben konnte. Schreibtisch aus Nußbaumwurzel. Ein brauner Steinway-Flügel 1,80 m, obwohl er nur Mundharmonika und Kassettenrekorder spielen konnte. Eingebaute Bar, auf Knopfdruck ausschwenkbar, selbstverständlich. Sechsfache Fernsehkombination und Weltuhrzeiten, Sekretärinnen aus einem Schönheitswettbewerb plus 350 Silben Steno und Erfahrung in neuesten Musiktrends. Alles Standard. Auf seinem Schreibtisch stand ein gerahmter Druck mit Sicht zum Gast: „Sind Sie bereit, ein Problem zu lösen, oder sind Sie ein Bestandteil desselben?"

Aber das herausragende Element dieses Managerbüros war die riesige Bibliothekswand, in der nur eine Flasche faßgereifter Calvados und drei Bücher standen: *Hegels* „Phänomenologie des Geistes", der „Ulysses" von James Joyce und „Sein und Zeit" von *Heidegger*, den er freilich gelegentlich gegen *Popper* oder *Wittgenstein* austauschen wollte. Alle Besucher blieben vor dieser Bücherwand der betonten Leere gedankenvoll stehen. Die durchkomponierte, schweigende Identität des Chefs beeindruckte nicht nur seine Sekretärinnen, sondern den Aufsichtsrat, den Betriebsrat und die Banken beim ersten Kredit, die Fordernden und die Flehenden.

Mit knappen Erläuterungen der Büchertrias hatte er auch keine Schwierigkeiten. Er wußte, daß *Hegel* die „Phänomenologie" als Redakteur in Bamberg beim Donner der Kanonen von Jena nebenbei geschrieben hatte. Ein Werk, das nur der bayrische Innenminister Beckstein gelesen und tatsächlich verstanden hat. Im Augenblick lese er den Kommentar von Georg Lukacz. Da wurden auch die Gebildeten schwach. Den James Joyce verstünde ja sowieso keiner oder jeder anders und über *Heidegger* sei auch das letzte Wort noch nicht gesprochen. Im übrigen habe ihm ein amerikanischer Geschäftsfreund jüngst erklärt, daß sich die Beschäftigung mit der europäischen Philosophie überhaupt nicht mehr lohne, was man natürlich nicht so im Raum stehen lassen könne. Seine eigene Philosophie außerhalb der reinen Unternehmensphilosophie bewege sich im Augenblick im soziologischen Drehbereich um die deutsche Gesellschaft der Zukunft, zwischen Bauhaus und Brauhaus gewissermaßen, empirisch deskriptiv und in kritisch-hermeneutischer Relevanz. Er wisse aber nicht genau, ob er jedem Bürger mehr eine Lebensversicherung, einen Karatekurs oder einen Schäferhund empfehlen solle, vielleicht auch vorrangig Diätpläne und Antikonzeptiva, obwohl Deutschland dann auch leicht ein Kondominium werden könnte. Bedenklich, wo wir schon keine Kolonien mehr haben. Ein gut sortiertes Bücherregal müsse auf jeden Fall jeder haben. Und eben die Beschränkung auf das Wesentliche, wie es schon Angelus Silesius gefordert hatte: Mensch werde wesentlich! Drei Bücher müßten da durchaus für Glück und Erfolg genügen.

Fazit: Erfolgreich durch Philosophie? Unbedingtes Ja. Darauf konnte man noch im Ruhestand aufbauen.

Die Parteiversammlung

Die Leute waren wie verzaubert. Die einen hatten Tränen in den Augen, die ihnen der Redner hineingetrieben hatte, die anderen klatschten rhythmisch wie im Karneval. Standing Ovations für den jungen Abgeordneten, der sie mit seiner Weltsicht hingerissen hatte, obwohl im Fernsehen ein Europapokalspiel lief. Endlich einer, der gescheit und gebildet war, der nicht nur Fliege und teure Klamotten trug, die trockenen Parteiprogramme und Bruttosozialprodukte herunterleierte, sondern selbständig philosophierte und vor allem zitierte, wie es gerade kam.

Er kannte *Thomas von Aquin* und schätzte *Søren Kierkegaard*, obwohl die Dänen die Europameisterschaft im Fußball gegen Deutschland gewonnen hatten. Er zitierte Beethovens Heiligenstädter Testament und die Habeas corpusakte aus der englischen Verfassungsgeschichte, wobei er scherzhaft einflocht, daß „habeas corpus", also „Du mögest den Körper haben", keinen Freibrief für amerikanische Präsidenten und den Umgang mit ihrem weiblichen Personal bedeuten könne. Er bedauerte, daß die Staaten häufig nach den Philosophen griffen, beispielsweise nach *Sokrates*, *Thomas Morus* oder *Giordano Bruno*. Aber er erklärte auch das Phänomen des Widerspruchs zwischen Geist und Politik, bedauerte das Schicksal der Unruhestifter oder auch Aufrührer ihrer Suppen, die sie sich selbst eingebrockt hätten, als zwangsläufigen Schwund in der Branche und versicherte, daß die heutigen Querdenker da viel besser dran wären, weil sie nicht mehr auf die Scheiterhaufen müßten, sondern ins Fernsehen eingeladen würden. Er jonglierte mit *Konfuzius* und Abraham Lincoln. Weltklasse. Er schmeichelte mit dem späten Brandt und einem der vielen Weizsäcker, warf aber gleich den warnenden Zeigefinger in die Luft und drohte mit *Augustinus* vor dem ungerechten und folglich räuberischen Staat:

21

„Ohne Gerechtigkeit, was sind die Staaten anders als große Räuberbanden? Und umgekehrt: was sind die Räuberbanden anderes als Staaten im kleinen? Auch sie sind eine Schar von Menschen, die der Befehl eines Führers leitet, vertragliche Abmachung zusammenhält und unter denen die Beute nach verabredetem Gesetz geteilt wird ...“

Er ließ es offen, ob er die Kommunalpolitik oder die Mafia meinte. Aber ein Gegner des Bösen war er auf alle Fälle, und er verhielt sich auch klassisch, wenn es den Schurken mit härteren Strafbestimmungen oder dem ultimativen Lauschangriff an den Kragen gehen sollte.

„Gegen Schurken ist Schurkerei keine unbrauchbare Waffe“,

zitierte er den alten Griechen *Epicharmos*, wenngleich er sich sicher sei, daß ein Orden und der Galgen machmal auf demselben Weg verdient würden, wie schon der Römer Juvenal sehr richtig bemerkte. Staatsphilosophie, Rechtsphilosophie, *Aristoteles* und *Cicero*, *Hobbes* und *Montesquieu*, *Kant* und *Popper*, sogar *Gramsci*, *McLuhan* und *Glucksmann* hatte er drauf. Es war wie ein Feuerwerk. Es war wie im späteren alten Athen, wo die Rede über alles galt. Am besten kannte er wohl die Sophisten, ohne sie freilich eigens beim Namen zu nennen. Der Abgeordnete war wie ein Warenhaus der Philosophie mit einem ungeheueren Sortiment, eklektizistisch, wie man verächtlich sagen konnte, aber gut zusammengeleimt, furniert und rhetorisch meisterhaft integriert. Es war gewissermaßen die selektive, angewandte Weisheit der Welt, die der Abgeordnete hier verströmte. Auf einen einzelnen Philosophen könne er sich gar nicht einlassen, vertraute er einem Journalisten auf Anfrage an, obwohl man das eigentlich aus Imagegründen müßte. Den Parteifreunden hatte er schon vorher gesagt, daß er bei evangelischen Veranstaltungen vorwiegend Luther, Melanchthon, Bonhoeffer und Niemöller zitiere, obwohl der um ein Haar seine Kirche verlassen hätte, bei katholischen aber mehr Guardini, Rahner und Ratzinger, vorsichtig auch den jüngeren Küng, auf keinen Fall aber Drewermann und Boff. Bei ökumenischen Tagungen vorwiegend vorreformatorisches Gedankengut oder Klassisches.

Heute war eher Philosophie pur angesagt. Staat und Vaterland, Recht und Freiheit, Währungssicherheit und Wirtschaftsmoral, Gentechnologie und Organverpflanzung. Die Zuhörer merkten es unter dieser Narkose gar nicht, daß er eigentlich über den Finanzskandal im hiesigen Rathaus referieren sollte. Die Philosophie und ihr Interpret hatte sie betäubt, angemacht, in höhere Sphären gerissen. Nur einmal war er kurz aus dem Konzept, als er sich für den Bau der neuen Brücke einsetzen wollte, obwohl es hier gar keinen Fluß gab. Man hatte ihm wohl ein falsches Manuskript zugesteckt. Den höhnischen Querdenker auf der Galerie, der wegen der Brücke so dreist gelacht hatte, wollte er sich noch kaufen.

Aber dies tat seinem Ruhm keinen Abbruch. Manche seiner Zuhörer wollten sogar schon gehört haben, daß der begnadete Aufsteiger wohl über kurz oder lang im Kultusministerium landen würde. Dort seien Leute mit Zitatensammlungen gefragt wie nie. Zitate erweitern die Persönlichkeit und beleben die Kulturwelt, hatte ein Meinungsforschungsinstitut schon hochgerechnet. Philosophie macht Stimmung und dient dem Standort Deutschland. Philosophie als Nutzen für die Politik? Keine Frage.

Die Fußballphilosophie

Wer trotz dieser Beispiele immer noch von der Überflüssigkeit der Philosophie und Sinnlosigkeit der individualistischen Sinnfragen überzeugt sein sollte, muß sich dem mehr kollektiven, utilitaristischen Prinzip in Gestalt der Fußballphilosophie zuwenden. In ihrer Phänomenologie wird nicht nur der kommunikative, allgemeine und verbindliche Charakter überraschend deutlich, sondern die Substantiierung eines Corporate design gewissermaßen fundamental, was die gemeinsame Überzeugung eines Stammtisches oder die inkorporierte Duftmarke eines ganzen Büros sein kann. Design oder Nichtsein ist samstags, sonntags und mittwochs keine Frage mehr, so wie bei Sayn oder Wittgenstein, sondern Wertbestimmung für Millionen.

„Der Heidenlärm, der aus dem Stadion zu mir herüberdringt,
bringt mich zwar nicht aus der Fassung, aber er drängt sich
doch in meine Gedanken. Wie viele treiben Körperkultur und
wie wenige die Geisteskultur! Wie stark ist der Andrang zu
diesen nicht ernst zu nehmenden Schaustücken und wie groß ist
die Einsamkeit bei kulturellen Veranstaltungen! Wie geistes-
schwach mögen doch diejenigen sein, deren Muskelpakete wir
bewundern ...“,

räsonnierte der römische Philosoph *Seneca* sehr elitär gegen die
Bizepsaristokratie der Gladiatoren und Wagenlenker seiner Zeit.
Der Zirkus störte ihn einfach.

Im Sommer 1998 war plötzlich alles anders. In Frankreich war
Fußball-Weltmeisterschaft, fünf Wochen lang. Im Endspiel wurde Frankreich Weltmeister, Brasilien zweiter. Kroatien war mit
einem Sieg über die Niederlande überraschend Dritter geworden;
der Neuling unter den Großen hatte sogar die Deutschen in einer
dramatischen Nacht nach Hause geschickt.

Jetzt beförderte der kroatische Staatschef Tudjman den Trainer
der Nationalmannschaft Miroslav Blazevic spontan zum General-
oberst seiner Armee. Der französische Staatspräsident Jacques
Chirac ernannte Monsieur Jacquet, den Trainer seiner Nationalmannschaft, am Nationalfeiertag zum Ritter der Ehrenlegion, die
Spieler dann später, weil er jene positiven Eigenschaften wie
Festigkeit, Ernst, Humanität und Toleranz besitze, die nun einmal
die Franzosen auszuzeichnen pflegen.

„Es gibt Gelegenheiten, bei denen ein Volk zusammenfindet“,
schloß Chirac den politisch-ethnologischen Teil seiner Rede, die
eine Absage an das *ius sanguinis* und ein Bekenntnis zum *ius soli*
war, weil geborene Algerier oder Armenier unter der Trikolore
den Sieg errungen hatten – so wie im Ersten Weltkrieg schon einmal die Marokkaner und Senegalesen. Alles andere vergessen,
alles pour la patrie, fast so ähnlich wie früher einmal der deutsche
Kaiser Wilhelm, der vorübergehend auch keine Parteien mehr,
sondern nur noch Deutsche kennen wollte. Bei den Franzosen
klingt das freilich viel milder, eben philosophischer. Chirac hatte

aber nicht nur einen siegreichen Trainer und eine grandiose Mannschaft gefeiert, sondern die ganze Taktik, die Strategie und letztendlich die Philosophie des Fußballspiels, für die sich Milliarden von Menschen auf der ganzen Welt interessierten und für die Milliarden von Dollars, Francs oder Deutscher Mark umgesetzt wurden. Sogar der Papst saß am Fernsehschirm und interessierte sich vor allem für die Torleute, weil er selbst als junger Mann in Polen einmal Torwart gewesen war, was man heute noch aus der Leidenschaft für die Sicherheit seines römischen Torraumes erkennen kann; sie kennt keine Permissivität, was auf deutsch eben das Durchlassen des Balls oder die Durchlässigkeit für gefährliche Ideen bedeutet.

In früheren Zeiten war Fußballspielen die einfachste und schönste Freizeitbeschäftigung der Arbeiterklasse, jetzt ist es ein Phänomen des spätbürgerlichen Kapitalismus mit sportlichem Einschlag. Während man früher nur wissen mußte, daß ein Tor 7,32 m breit ist und ein Spiel meistens 90 Minuten dauert, ist Fußball heute ohne Wissenschaft überhaupt nicht mehr denkbar. Schon als Zuschauer im Stadion sollte man bei der GSG 9 ausgebildet und in Völkerkunde beschlagen sein, um das Spiel in seinen Ansätzen und Dimensionen zu begreifen. Als Fernsehzuschauer müssen nicht nur Frauen allmählich begreifen, was Abseits, Foul, Bodycheck und Stellungsfehler ist, damit sie die Gemütsbewegungen der Männer nachvollziehen können und eines Tages auch die Geheimnisse des Spiels verstehen. Die Experten zählen zwar die Ballkontakte und gewonnenen Zweikämpfe statistisch mit den Fernsehreportern, aber sie wissen natürlich längst aus eigenem Denken, daß man bei Berechnung einer Flanke die Laktatwerte und die daraus resultierende Muskelkraft des Schützen, die Länge seiner Hose und die Gültigkeit seines Vertrags, aber auch die Sprungkraft des Torwarts, die Windrichtung und den Sonnenstand im Stadion, die Mondphase und die Erdumdrehung einzufüttern hat, um zu gesicherten Ergebnissen zu kommen. So ähnlich haben die ionischen Philosophen schon um 500 v. Chr. gedacht, aber nur so ist auf die Dauer eben ein klares wissenschaftliches Bild zu gewinnen.

Was für einen Fernsehzuschauer aber vor allem wichtig ist, das ist die richtige Einstellung zum Flaschenbier, das zum Spiel aus Hamburg, Bremen, Krombach, Bitburg, München und Dortmund virtuell reichlich angeboten wird und überhaupt erst die nötige Ausdauer für die Werbung mit anschließender Analyse verleiht, die ja manchmal bis nach Mitternacht geht, so daß viele Arbeitnehmer am nächsten Morgen kaputt zur Arbeit müssen. Der Fan ist heute Gegenstand der Marketingsstrategie von Sendern, Brauereien und auch Sportvereinen und somit Mitglied einer bedrohten Rasse. Mit ihm sind wir alle bedroht, wie einst die sensiblen Griechen von den robusten Römern oder die milden Inder von den rauhen Engländern. Die Verhältnisse sind zwar anders, aber das synergetische Prinzip ist im Fußball sichtbar.

Das gilt auch für die Formel I, für Tennis, Boxen und sogar für den Radsport, der 1998 bei der Tour de France vom pharmazeutischen Festspiel zur Tragikomödie wurde. Wenn ein Faustkämpfer gleich in der zweiten Runde k.o. geht, verlieren die Sender viel Geld. Deshalb bauen sie ihn vorher richtig auf. Wenn die Ferraris und Benettons zu früh Motorschäden haben, fallen die Quoten. Und wenn der Boris und die Steffi im verdienten Vorruhestand sein sollten, wird man wohl sehr schnell neue Quellen der Freude für Volk und Firmen finden müssen. Man kann zwar auch durch die Mathematik zur Philosophie kommen, aber die Fußballphilosophie geht eben gleich ins Blut über.

Wer sich in jener Zeit der letzten Weltmeisterschaft in Kantinen, Altersheimen oder Büros nicht für Fußball interessierte und mitphilosophierte, war von vornherein abgemeldet. Wer nicht die Viererkette beherrschte, Golden goal kannte, in Völkerkunde und Asylrecht bewandert war, für Flaschenbiernachschub sorgte oder die ungerechten Schiedsrichter virtuell auspfiff, wenn sie gerade noch ohne Polizeischutz und Platzwunden vom Platz kamen, war ein Außenseiter, Spielverderber, Nobody. Einsam wie bei Mundgeruch. Fußball stiftete Gemeinschaft. Da konnte man getrost hauptberuflich Flachpass spielen.

Der bekannte deutsche Sportphilosoph Boris Becker, der normalerweise mental gut drauf ist, wenn nicht gerade „der Zahn der

Zeit an ihm nicht spurlos vorübergeht", verstieg sich in einem Anfall von Schwermut zu dem defaitistischen Satz: „Jeder weiß, ich bin ein Fußballfan, aber ich mag den Fernseher gar nicht mehr einschalten. Überall Fußball! Als ob das Leben als solches aufhörte." Er war die Ausnahme. Man konnte ihn allenfalls als Vertreter jener heimlichen Mehrheit empfinden, die von den Fernsehmoderatoren verschreckt war. Oder man könnte sein Denken als späte Wiederbelebung jenes alten, exklusiven Geistes von Bern empfinden, mit dem Deutschland 1954 Weltmeister geworden und als der Bundestrainer Josef Herberger noch der einfache, wahre Fußballphilosoph war.

„Der Ball ist rund"
„Ein Spiel dauert immer neunzig Minuten"
„Das nächste Spiel ist immer das schwerste"
„Elf Freunde müßt Ihr sein"

Das waren die goldenen Worte in jener Zeit, als Fußballer für ihre Siege noch keine Millionen, Sponsorenverträge und Autogrammstunden, sondern ein ordentliches Essen mit Biermarken und Freikarten im Schwimmbad bekamen. Aber die Zeiten haben sich halt geändert. Während der Weltmeisterschaft 1998 verkauften die Dortmunder den blonden Heinrich aus Dortmund für 25 Millionen nach Florenz, der Brasilianer Roberto Carlos erhielt aus England ein Angebot in Höhe von 97 Millionen, nicht Lire oder Peseten, sondern Deutsche Mark. Und da denkt man immer, die Engländer hätten kein Geld ...

Die Trainer von weniger erfolgreichen Mannschaften müssen meist mit erfrischender Abfindung gehen, die erfolgreichen werden Lichtgestalten, Kultfiguren, Werbeträger. Das ist die neue Fußballphilosophie. Es ist eine Ganzheitsphilosophie, wenn man die neue Aufgabenstellung bedenkt. Das Fußballspiel ist verwissenschaftlicht, durch das Fernsehen und die Unterhaltungsindustrie mit synergetischen Kräften versorgt, globalisiert, kommerzialisiert und politisiert.

Seit die Herren Tapie in Frankreich oder Berlusconi in Italien vom Clubpräsidenten zum Minister wurden, allerdings bald auch zwischen Strafraum und Strafanstalt operierten, weiß man, daß man im Fußballstadion Steilvorlagen für Karriere und Kasse schlagen kann. Während man früher nur wissen mußte, daß ein Spieler nur dann umfällt, wenn man ihn umhaut, muß ein Schiedsrichter heute die Staatsschauspieler im Strafraum blitzschnell und ohne Wiederholung in Zeitlupe bestrafen. Der Verteidiger muß nicht nur die Räume eng machen, sondern aus der Tiefe des Raumes kommen, und die Viererkette flexibel spielen können. Ein Stürmer kann dann spielentscheidend sein, wenn er die Schwalbe im Strafraum beherrscht und dabei noch den Schiedsrichter unschuldig anschauen kann. Der Trainer muß nicht nur Standardsituationen beherrschen und deutsche Tugenden im Sinne *Immanuel Kants* trainieren, damit der Club der Millionäre wieder an Leidenschaft gewinnt, sondern die Gesetzmäßigkeit der Intensivhaltung von Hühnern kennen, eigentlich ein paar Semester Verhaltensforschung, Ethnologie, Ernährungswissenschaft und Psychologie studieren, wenngleich er im Bedarfsfall auch einen Völkerkundler, Hotelkoch oder Psychologen, wenn nicht gleich Psychiater, zuziehen kann. Fakultätsübergreifend, übergeordnet denken, das ist Philosophie, bestimmend über Krieg und Frieden.

„Der Star ist die Mannschaft", verkündete Trainer Berti Vogts, der selbst kein Star, keine Lichtgestalt und keine Kultfigur sein wollte. Er war eigentlich nur Vorsitzender einer Gesellschaft mit beschränkter Haftung, der keinen Schönheitspreis gewinnen, sondern siegen wollte. Er verlor. Zunächst war es die Fassung und dann der Glaube an die Gerechtigkeit.

Die Weltmeisterschaft geriet bisweilen sogar bis in die Höhen der Religionswissenschaft, weil sich selten so viele Fußballer öffentlich bekreuzigt haben wie bei diesen Spielen. „Wenn wir gut spielen und mit Gottes Hilfe können wir Deutschland schlagen", erklärte der kroatische Stürmerstar Davor Suker. Er wurde Torschützenkönig und Kroatien schlug Deutschland. „Uns können nur die Götter stoppen", prahlte der Verteidiger Taribo West aus Nigeria: sie wurden von Irdischen gestoppt, die Götter saßen auf der Ersatzbank. „Es war Gottes Wille", tröstete sich der jugoslawische Stürmer Predrag Mijatovic, der sich vor jedem Anpfiff bekreuzigt, aber gegen die Niederländer verloren hatte. „Es gibt kein Glück im Leben, alles ist vorbestimmt", kommentierte der Niederländer Clarence Seedorf dasselbe Spiel. Damit war die alte philosophische Frage nach Willensfreiheit und Vorsehung, nach Zufall oder Determination wieder aus der Tiefe des Raumes da. Die Brasilianer waren gläubig und beteten zu Gott, aber die Franzosen haben gewonnen. C'est la vie oder auch Gottes unerforschlicher Ratschluß.

Für Spieler und Trainer ist heute außer einem gediegenen Lebenswandel und dem Bewußtsein des armseligen Millionärslebens besonders wichtig: gediegene Kenntnis der Volkswirtschaft, Verständnis für osteuropäische Sprachen und afrikanische Dialekte, ein gut funktionierendes Mundwerk für Fernsehauftritte, ein Spielervermittler für die Verhandlungen und ein Anlageberater für die optimale Anlage der Gehälter. Manchmal ist auch die gute Verbindung zu einem Knochenarzt oder Massagesalon, zur Bildzeitung oder zu ausgewiesenen Kennern von Strafrecht, Zivilrecht, Arbeitsrecht und Finanzamt sehr wertvoll. Für alle aber, die Akteure auf dem Feld, die Strippenzieher im Hintergrund und die Fans muß endlich klar sei, daß Fußball nicht nur Flaschenbier, sondern Philosophie braucht, weil er selbst Philosophie ist.

In Südamerika hieß ein Stürmer in unserem Jahrhundert *Sokrates* und das Volk jubelte ihm im Stadion zu. Schade, daß der alte *Sokrates* diesen späten Triumph nicht mehr erlebt hat. Der Philosoph, der keine Zeile geschrieben hat, lebt im Herzen eines Kontinents weiter, von dem er noch gar nichts wußte. Das ist Geschichtsphilosophie.

Es ist nicht immer die Kritik der reinen Vernunft, die über die Schiedsrichter im Stadion oder die Spielverderber in der Fernsehberichterstattung niedergeht. Es bedarf schon der Kritik der Urteilskraft im Sinne *Kants* bei exorzistischen Aufladungen unter den Zuschauern. Insofern bewirkt die Fußballphilosophie auch eine moralische Langzeitwirkung.

„Diem perdidi – ich habe einen Tag verloren",

kann der Trainer mit dem einsichtigen Kaiser Titus sagen, wenn er ein Spiel verloren hat, humanistisch gebildet ist und nicht gleich wie *Empedokles* sich unter Zurücklassung seiner Fußballstiefel in den Aetna stürzt. Das kann freilich nur ein situationsethischer Trost in der Krise, aber kein aufbauendes Programm für die Kreativabteilung sein. Jeder Trainer muß heute Philosophie mögen, wenn er bestehen will. Er muß natürlich selbst entscheiden, ob Kaugummi oder andere Nikotinhemmer auf der Bank für ihn förderlicher sind, ob er die Produktwerbung lieber am Hemdkragen oder auf dem Rücken hat. Seine Freiheit ist mehr als die Freiheit zwischen Pils und Weissbier. Wenn er auswechselt, vollzieht er die Einsicht in die Notwendigkeit, wenn er eines Tages selbst ausgewechselt wird, muß ihm das Prinzip Hoffnung bleiben, das er auch auf dem vorletzten Tabellenplatz verkünden muß. Positives Denken muß er noch im Halbschlaf oder im Trainingslager seiner Mannschaft vermitteln, obwohl es rein rechnerisch überaus schwierig ist: Da können in der deutschen Bundesliga 18 Mannschaften jeweils die besten Spieler, den besten Vereinsvorsitzenden, den besten Trainer und reichsten Sponsor haben und alle schon zum Frühstück positiv denken: drei Mannschaften steigen trotzdem ab. Das ist die schreckhafte Erkenntnis für Trainer, Clubvorstand und Fans, aber sie steigert die Nachdenklichkeit und möglicherweise sogar die Leistung der Spieler. Sie kann ein Modell für die Bewältigung von Standardsituationen und sogar eine Steilvorlage für das Leben werden.

Man kann auch über die Mathematik zur Philosophie kommen.

„Aeqam memento in rebus arduis servare mentem –
bedenke in Tagen des Ungemachs Gleichmut zu wahren."

Den Satz der alten Römer, die ja auch schon große Sportsfreunde waren, hatte ein wohlmeinender Fan in der Mitgliederversammlung vor dem drohenden Abstieg zitiert. Sie hätten ihn fast rausgeworfen, noch bevor er einen Satz über den Ruhm und die Unsterblichkeit der Helden anbringen konnte. Philosophie ist manchmal eben besser in der Kabine als in der Massenversammlung oder im Spiel um den Abstieg. Sie zwingt zur Differenzierung, gibt Trost und Kraft. Philosophie bleibt Philosophie.

Ein neuer, starker Beweis der runden Wertephilosophie kam für unser pessimistisches Jahrhundert zuletzt von dem bekannten freiberuflichen Philosophen Uwe Seeler vom Hamburger Sportverein. Der ehemalige Mittelstürmer der deutschen Fußballnationalmannschaft bekannte anläßlich seines 60. Geburtstags trotz zahlreicher Knochenbrüche und Verdächtigungen seinen ungebrochenen Optimismus mit dem schönen Ausspruch: „Keine Angst, auch im Himmel wird Fußball gespielt."

Noch knapper kann das eigentlich nur noch ein Arzt formulieren, wenn er mit Stethoskop, Ultraschall oder Röntgen einfach befiehlt „Weiter atmen". Es ist der Imperativ des bewußten Unbewußten. Kein Widerspruch. Der Gehorsam bringt Segen. Der Patient zieht weiter.

PS! Falls eine Mannschaft mehr als dreimal hintereinander verliert, muß meistens der Trainer gehen. Dies ist dann nicht Fußballphilosophie, sondern Unternehmensphilosophie.

Vor Gericht

Sokrates stand vor Gericht. Savonarola, Giordano Bruno und Jan Hus, Galilei, Ossietzky und die Jungfrau von Orleans standen auch vor Gericht. Es ist schon komisch, daß immer die Guten gegriffen werden. Es ist zwar alles schon dagewesen, aber manches kehrt immer wieder.

Ein merkwürdiger Text über die Jugend sorgt plötzlich für Unruhe. Die Gewerkschaft Erziehung und Wissenschaft und die Grünen wollen gemeinsam mit antiautoritären Gruppen eine Einstweilige Verfügung gegen die Verbreitung von rechtskonservativen Parolen anstrengen. Die Autoren müßten rasch zur Rechenschaft gezogen werden. Hier ist der Wortlaut des Flugblatts:

„Die unersättliche Grenzenlosigkeit der Freiheit und die Vernachlässigung der anderen Güter sind schuld daran, daß diese Verfassungsform sich ändert. Regierende, die sich wie Regierte benehmen, und Regierte, die sich wie Regierende verhalten, finden privat und öffentlich Lob und Ehre. Kann es ausbleiben, daß sich die Freiheit in einem solchen Staat maßlos überall hin ausbreitet? Und daß bis in die Privathäuser hinein die Anarchie vordringt?

So gewöhnt sich denn der Vater daran, mit seinen Kindern gleichberechtigt zu sein und vor seinen Söhnen Furcht zu haben; und der Sohn gewöhnt sich daran, vor den Eltern weder Scheu noch Ehrfurcht zu haben, damit er nur ja frei ist. Der Lehrer fürchtet unter diesen Verhältnissen seine Schüler und schmeichelt ihnen, die Schüler wiederum achten Lehrer und Erzieher gering.

Überhaupt stellt sich die Jugend den Älteren gleich und tritt gegen sie in Wort und Tat an. Die Alten aber setzen sich unter die Jungen und sind voller witziger und gewandter Geistigkeit; sie suchen es den Jungen gleichzutun, damit es nur ja nicht so aussieht, als seien sie unfreundlich und autoritär.

Allzu große Freiheit schlägt nun aber in nichts anderes um als in allzu große Knechtschaft, bei dem einzelnen ebenso wie im Staat. So bildet sich denn natürlicherweise eine Tyrannenherrschaft aus keiner anderen Staatsform als aus der Demokratie – und somit die schlimmste und roheste Knechtschaft aus der doch wohl äußersten Freiheit ..."

Dem Amtsgericht ist es nach umfangreichen Recherchen gelungen, den Verfasser des Textes ausfindig zu machen. Es ist der Grieche *Platon*, ohne Vornamen, geboren, 427 v. Chr., wohnhaft in Athen, Autor politischer und philosophischer Schriften. Der Richter stellt im Zusammenhang mit der befürchteten Kampagne noch andere Texte sicher, die man sich aufschreiben sollte, meinte er süffisant mit Blick auf die Kläger:

„Unsere Jugend liebt den Luxus, hat schlechte Manieren, mißachtet die Autorität und hat keinen Respekt vor dem Alter. Die heutigen Kinder sind Tyrannen. Sie widersprechen den Eltern, schlürfen beim Essen und wollen alles besser wissen als ihre Lehrer ..."

Gesagt hat dies der Grieche *Sokrates*, ohne Vornamen, wohnhaft Athen, 470–399 v. Chr. Er ist bereits einschlägig verurteilt und hat seine Strafe auf sich genommen. Und noch einen merkwürdigen Satz wußte der Amtsrichter:

„Die heutige Jugend ist von Grund auf verdorben, sie ist böse, gottlos und faul. Sie wird niemals so sein wie die Jugend vorher, und es wird ihr niemals gelingen, unsere Kultur zu erhalten ..."

So steht es auf einer Tontafel, die etwa um 1000 v. Chr. beschrieben wurde.

Der Amtsrichter verbittet sich den Beifall der jugendlichen Zuhörer und faßt das Problem in einem Zitat von Goethe zusammen, das er auswendig vorträgt:

„Sag nur, wie trägst du so behaglich
Der tollen Jugend anmaßlich Wesen?
Fürwahr, sie wäre unerträglich,
Wär' ich nicht auch unerträglich gewesen."

Unter Zusammenfassung aller Gesichtspunkte stellte er das Verfahren wegen Verjährung ein. Die Grauen Panther haben sich Revision gegen das Urteil vorbehalten. Der Gerichtsberichterstatter der Lokalzeitung, der zwar nur freier Mitarbeiter, aber offensichtlich gebildet war, kommentierte das Urteil mit einem Satz von Mark Twain: "Erziehung ist die organisierte Verteidigung der Erwachsenen gegen die Jugend." Es ist nicht auszuschließen, daß er Schwierigkeiten mit dem Verleger bekommt.

Philosophie im Robinson-Club

Das Hotel hatte eine zauberhafte Lage, eine exzellente Küche, Golfplatz und Swimmingpool, Masseur und Kosmetikerin im Haus. Die Gäste hatten eigentlich alles, was zu einem Urlaub für gestresste Menschen gehört. Sie konnten Kegeln, Bridge und Canasta spielen, Joggen und irgendwie Relaxen. Und trotzdem ödeten sie sich allmählich an, weil die Unterhaltung verödete.

Sie hatten sich alles schon erzählt, die besten Kaufhäuser in London und Paris empfohlen, die eigentlich überteuerte Haute Couture und die geldgierigen Schönheitschirurgen schlecht gemacht, vor falschen Kapitalanlagen und den Grünen gewarnt. Die neuesten Enthüllungen über die Fürstenhäuser und Freudenhäuser Europas lasen sie entweder montags oder donnerstags. Dann kam wieder die große Langeweile oder der Regen.

Da trat er plötzlich hervor, der bisher so unscheinbare Postrat aus Potsdam, der sogar Oberpostrat war. Er spielte weder Golf noch Bridge, er wollte keine Massagen und haßte das Fernsehen. Er saß wohl lieber draußen im Liegestuhl und las Bücher. Das fiel auf. Ob er wohl bei der Stasi war? Er habe diesen ganzen Quatsch aus Hollywood, der Schickeria und den Königshäusern einfach satt, bekannte er auf Anfrage ungeniert im kleinen Kreis. Als Einwohner von Potsdam, als Nachbar des Alten Fritz und Überlebender des Stasi-Zeitalters fand er wohl Aufmerksamkeit, denn es kamen immer mehr Damen und Herren hinzu, als er seine Kenntnisse von Königen und Mächtigen allmählich entwickelte. Weil sie alle gut hören wollten, drängten sie ihn schließlich auf das Podium, wo er zunächst ein wenig verlegen, dann aber mit kräftiger Stimme einen Vortrag über Könige und Philosophen hielt.

Mit den Königen und der Philosophie sei es eine lange, komische Geschichte, auch wenn man die Lady Windsor, die Frau Snowdon, den Prinz Charles und die Königin der Herzen mitsamt den englischen Krankheiten weglasse, sagte der Oberpostrat aus den neuen Bundesländern. Das Problem ist viel älter und liegt wie auf einem Seziertisch vor.

Der große *Aristoteles* war der Lehrer des großen Alexander. Er war mit 17 schon fertig mit seinen Studien und konnte so sehr bald den jungen Makedonenkönig Alexander in die Lehre nehmen, ihn für Forschung und Wissenschaft begeistern und vor allem die gewünschte Seelengröße beibringen.

Alexander soll auch immer ein Buch des Philosophen unter dem Kopfkissen gehabt haben, aber man weiß nicht, ob sie damls schon richtige Kopfkissen hatten und wie die Bücher aussahen, die man unter die Schlummerrollen legen konnte. Dies nur nebenbei. Mit der Seelengröße ging es eine Weile gut, bis der Crash kam. Als nämlich Kallisthenes, ein Neffe des *Aristoteles*, der auf den Feldzügen Alexanders als Kriegsberichterstatter dabei war, dem König die fußfällige Verehrung verweigerte, wurde er zum Tod verurteilt und sofort hingerichtet. Da wollte Onkel *Aristoteles* auch nichts mehr mit dem König und der Politik zu tun haben und gründete das Lyzeum in Athen, wovon auch wir im Abendland noch lange zehren durften.

Mit dem Römer *Seneca* war es noch schlimmer. Er probierte schon einmal unter dem leicht verrückten Kaiser Caligula den Seiteneinstieg in die Politik, weil er als Sittenlehrer schon recht bekannt und populär war. Aber es haute nicht hin. Der Kaiser hatte die Wortklaubereien bald satt und sagte ihm ins Gesicht, daß das doch alles Sand ohne Kalk sei. Da stieg er aus und hatte wieder Zeit zum Philosophieren und Geld verdienen. Dem Kaiser Claudius dachte er seine berühmte „Apokolokynthosis" zu, was im Griechischen „Verkürbisung" heißt, auf Deutsch aber nichts geringeres als „Verarschung" bedeutet, was in Monokratien nicht als Satire geduldet, sondern erfahrungsgemäß strafbewehrt ist. Später sollte er den schwer erziehbaren Nero erziehen, aber auch das ging wieder schief, obwohl er eine Zeit lang sogar Ministerialrat mit Beratervertrag wurde. Entweder haben ihn dann die Senatoren kaltblütig ausmanövriert oder die mächtigen Weiber am Hof haben ihn mit allen Mitteln ihrer reifen Kunst einfach abgeschossen. Am Ende haben sie ihm jedenfalls ein Hinrichtungskommando ins Haus geschickt und die Adern aufgerissen, weil er nicht so freiwillig wie früher der *Sokrates* den Giftbecher austrinken wollte. Gott sei dank haben wir wenigstens noch die Schriften des *Seneca*, die zwar schwer zu übersetzen sind, aber sehr weise sein sollen.

Ein gutes kulturpolitisches Musterbeispiel spielte sich viel später in Aachen ab, wo Kaiser Karl der Große an seinem Hof die besten Gelehrten aus Irland, der Lombardei, aus den Ländern der Westgoten und Franken versammelte, um den Leuten des großen Reiches die ganze Philosophie der Landwirtschaft, Kirchenlieder und Kunst schmackhaft zu machen. Kultusminister war gewissermaßen der renommierte Universalgelehrte Alkuin aus York, was heutzutage unmöglich wäre, daß ein Engländer in der europäischen Kultur etwas zu sagen hätte. Karl selbst konnte angeblich nicht richtig lesen und schreiben, aber man sieht, daß man auch so ein gebildeter Mensch sein kann, was ihn uns sympathisch macht.

Ein gutes Beispiel war auch die Königin Christina von Schweden, die Tochter des Königs Gustav Adolf, der in der Schlacht von Lützen 1632 unter den Händen räuberischer Kroaten seine edle Seele aushauchte. Sie hatte zwar vorübergehend den französischen Philosophen Descartes an ihrem Hof in Stockholm, der aber dort an Lungenentzündung starb. Aber sie selbst war so gut ausgebildet und mutig, daß sie keinen Philosophen um sich haben mußte, sondern auch so den Dreißigjährigen Krieg beendete und noch katholisch wurde.

Die seltsamste Verbindung zwischen Philosophie und Politik aber ist wahrscheinlich die Beziehung zwischen dem Preußenkönig Friedrich dem Großen und dem französischen Aufklärer *Voltaire*. Eines Tages haben sich die beiden Richtigen getroffen. *Voltaire* war zu seiner Zeit auch ein kleiner König in Frankreich, vergleichbar mit Stars wie Gilbert Beccaud oder Charles Aznavour. Er gehörte zum Jet Set, tanzte auf allen Hochzeiten und konnte vorübergehend sogar mit der Pompadour. Eines Tages aber hatte der französische König wohl den eitlen Herren satt, so daß dieser selbst kündigte, ein Bewerbungsschreiben losließ, um als Lehrer der Poetik und Stilistik ein Genie werden zu können. Bald war Potsdam am Apparat. Der französische König ließ ihn gehen: „Ein Narr mehr am preußischen Hof und einer weniger an meinem", soll er gesagt haben. *Voltaire* hatte schon damals klare Vertragsvorstellungen wie heute unsere Showmaster, Fernsehstars und Models. Er verlangte vom Preußenkönig gleich brieflich als erstes den Orden Pour le merite, obwohl er noch gar keine Verdienste um Preußen hatte, den

François Voltaire, 1694 – 1778

Kammerherrenschlüssel, eine Pension von 20 000 Talern und einen Vorschuß auf die Reisekosten. Der Philosoph kam in Potsdam an, schlief in Sanssouci, speiste mit den Königinnen an der Tafel die servierten Wildpasteten, Trüffel und den Champagner, obwohl man bei den Preußen eigentlich nur Trockenbrot nebst Sättigungsbeilagen aß und Muckefuck trank. Sie philosophierten zwischendurch, aber irgendwann mußte die Geschichte schief gehen. Der Philosoph fühlte sich verkannt und eingeengt, der König hielt den Philosophen bald für einen „Erzschuft und Schwindler". Die Trennung war unvermeidlich und hatte noch ein Nachspiel, was wir noch eigens betrachten werden. Einstweilen 'wäre zu bedenken, daß in diesem Fall die Hilfe der Philosophie für die Politik zweifelhaft war. Der Flötenspieler Friedrich hat nämlich mehrere Kriege geführt, während sein Vater, der barbarische Soldatenkönig, keinen einzigen geführt hat.

Der römische Kaiser *Marc Aurel* war einer der ganz wenigen von jenen, die nach dem Wunsch *Platons* operieren konnten, indem nämlich die Philosophen Könige sein sollten. *Marc Aurel* war König und Philosoph, sogar Kaiser und Philosoph, der an der Donaufront die räuberischen Germanen abwehrte und dabei noch über Gott und die Welt nachdenken konnte. Er war mit der Zeit recht stoisch geworden, mehr statisch als dynamisch gewissermaßen, mehr defensiv als offensiv. Das heißt, er war wohl mit seinem Schicksal zufrieden und nicht mehr auf Veränderung bedacht. So wie vor ihm schon Kaiser Augustus, der nach den vielen Schlachten und der Reichsgründung endlich die heitere Gelassenheit als Lebensphilosophie gepackt hatte und unter dem Beifall seiner Freunde diese Erde verlassen wollte, war er mit dem Alter weise geworden.

Später hat es, wenn ich richtig verstanden habe, meinte der Oberpostrat vor den lauschenden Feriengästen, noch einen platonischen Versuch gegeben. Es war die Beziehungskiste zwischen dem Bayernkönig Ludwig und Richard Wagner, der zuerst mehr Denker und später erst Künstler war, wie man an seinen Einkommensverhältnissen ersehen konnte. Weil da aber wohl *Friedrich Nietzsche*, das bayerische Parlament, die strenge Cosima und noch einige Damen dazwischenkamen, gab es eine Fehlentwicklung und die Geschichte ging schief. Der König ging in den Starnberger See oder wurde hineingegangen, man weiß es bis heute nicht genau. Wagner komponierte auch nicht mehr, weil er schon 1883 tot war. Beide aber leben noch heute als großes deutsches Gespann weiter, der eine in Bayreuth und der andere im Herzen des bayerischen Volkes.

„Ich danke Ihnen für die ungeteilte Aufmerksamkeit", sagte der Oberpostrat.

Sie applaudierten begeistert. Das waren ja ganz neue, ganz andere Töne. So dumm waren die in der DDR also doch nicht gewesen. Bravo. Wir hatten ja auch den *Havemann*, den *Harich* und den *Bahro*, meinte der Oberpostrat bescheiden, wenn Ihnen diese Namen etwas sagen. Die Geschäftsführerin des Hotels, die das kommunikative und umsatzfördernde Element der Philosophie spontan erfaßt hatte, spendierte ebenso spontan eine Runde, Bier oder Sekt nach Wunsch. Klasse gemacht. Nur der Speditionsgroßunternehmer, der sein Ansehen in der Bar etwas beschädigt sah, kramte aus seinem humanistischen Frühbestand noch den Satz „Si tacuisses, philosophus mansisses" aus und übersetzte ihn auch noch, wobei er eigentlich mit der Formel „Du wärest im Falle des Schweigens ein Philosoph geblieben" unwillkürlich bestätigte, daß er ihn bisher für einen Philosophen gehalten hatte. „Alter Angeber", kommentiert er im Halbdunkel. Der Ossi habe ja kein Wort über die Hofnarren verloren, die doch in alten Zeiten wahre Philosophen an den Höfen und damals so wichtig waren wie die Musiker und die Jagdaufseher. Von der Kritik *Poppers* am platonischen Staatsideal, nach dem Philosophen Könige oder die Könige Philosophen sein sollten, hätte der Mann offensichtlich auch noch nichts gehört und die Sache mit *Nietzsche* und Cosima könne man nicht unwidersprochen so stehenlassen, kommentierte die Anonymität aus dem Halbdunkel der Bar. Die Immobilienmaklerin aus Düsseldorf aber fragte den Oberpostrat freimütig, ob sie wohl seine Briefmarkensammlung gelegentlich besichtigen dürfe, die gewiß so ungewöhnlich sein müßte, wie sein Vortrag.

Man mag sich getrost über die bedeutendsten oder verhängnis-
vollsten Erfindungen unseres Jahrhunderts streiten. Man mag den
Fleischwolf oder den Kühlschrank benennen, das Penicillin oder
das Ultraschallgerät, Motor, Computer, Gentechnologie und
Mikrowellenherd, Rakete und Raumschiff, Strumpfhose, Pille
oder Atombombe. Da ist immer ein Stück Beliebigkeit gegeben.
Unbedingt aber gehört in diese Reihe die Erfindung des Fernse-
hens, weil es das Weltbewußtsein verändert, die Kommunikation
verbessert und sogar den Mond live in die Wohnzimmer gebracht
hat. Die folgenschwerste Entwicklung im Gefolge der Mattschei-
be freilich ist die Fernbedienung, die den Zapper hervorgebracht,
welcher wiederum die Weltsicht multipliziert, aber auch die kol-
lektive Neigung zur gehobenen Schizophrenie gefördert hat. In
der Familie ist deshalb eine neue Ethik gegen Tyrannei gefordert,
für die Ordnung der Kanäle in den Gehirnen ist eine neue Ganzheitsphilosophie unabdingbar, die man nicht den Soziologen oder
Psychiatern überlassen darf. Dies einstweilen als Denkanstoß, den
man nicht aus dem Auge verlieren sollte.

Eine Medienphilosophie, die den Namen verdient, ist für das
Revolutionszeitalter der Kommunikation mit vielleicht 1500
Fernsehkanälen, mit Video und Internet, mit Datenautobahnen,
Cyberspace, Handys, Mikrowellenherd und Heimcomputer unabdingbar. Darüber muß man sich einmal aussprechen, bevor
sich kein Mensch mehr mit einem anderen ausspricht oder dis-
putiert, was doch der Kern der aristotelischen und der mittelalterlichen Philosophie war.

Der Ordnung halber muß man auf die Sortenvielfalt der Philosophie rechtzeitig hinweisen. Es gibt als Fachdisziplinen Logik,
Erkenntnistheorie und Ethik, Ontologie – auch nach der Rechtschreibreform immer noch ohne „th" in der Mitte –, Sprachphilosophie, Rechtsphilosophie und Staatsphilosophie oder gar die
Religionsphilosophie, die noch hinter der sichersten Religion hin-
terfragt. Es gibt außerdem die Geschichtsphilosophie, die Fragen
nach dem Sinn der Geschichte klärt, also ob es denn richtig ist,
daß 1517 Luther seine Thesen anschlug, 1717 die Preußen Köni-

ge wurden und 1917 die Russische Revolution ausbrach und der Erste Weltkrieg verloren war. Ob Columbus besser daheimgeblieben wäre oder ob die Welt ohne *Marx* und *Engels* besser geworden wäre. Schließlich hat sich in der Neuzeit und unter amerikanischem Einfluß die Unternehmensphilosophie herausgebildet, die viel stärker als zu Zeiten von *Sokrates* oder *Leibniz* zu bedenken ist.

Ein Modellbeispiel ist die vorwiegend in Frankreich entwickelte Modephilosophie, die Modelle entwirft und Models mit Traummaßen aussucht, die Trends studiert und Trends erzeugt. Diese französische Philosophie ist viel volkstümlicher und erfolgreicher als die von postmodernen Strukturalisten, Sprachartisten und Nihilisten, von Foucault, Lyotard oder Derrida und anderen gescheiten Ratlosen. Die Modeschöpfer, die Geschichtsbewußtsein, Erotik und Exotik mit Kreativität und Geschäftssinn verbinden, gelten bereits zu Lebzeiten als Philosophen und sie kleiden sich auch so, damit es die Leute gleich erkennen. Modephilosophen werden heutzutage sogar umgebracht, wie wir am Beispiel des Italieners Versace erleben mußten. Sie erhalten aber auch ein großes Staatsbegräbnis, an dem die schönsten Figuren und Stimmen aus Welt und Halbwelt teilnahmen. Dieses neue Weltthema muß man unbedingt ganzheitsphilosophisch weiterdenken, weil es Oberweiten und Unterströmungen, Geschäft und Kult globalisiert.

Jede Branche hält heute etwas auf ihre Philosophie, und wenn es nur eine Hausordnung für die Angestellten oder Gebrauchsanweisung für den Kaffee-Automaten ist. Beinahe jedes Unternehmen hat heute seine Unternehmensphilosophie, die vor allem Wachstum und Innovation, Steuerpolitik, Globalisierung, Diversifizierung und Konkursrecht einbezieht; mehr einnehmen als ausgeben gilt als normal. „Denn Armut ist der große Glanz von Innen", wie der blasse Rainer Maria Rilke in verhängnisvoller Innerlichkeit gedacht hat. Das ergibt keinen Sinn und keine Arbeitsplätze.

Neben der Großindustrie und den Banken hat heute auch der Handwerker seine eigene Unternehmensphilosophie. Der Metzger muß heute seine Wurstwaren mit Ernährungswissenschaft, Medizin und der Europäischen Gemeinschaft entwickeln, geistig würzen und das Ladengeschäft unternehmensphilosophisch anreichern: Erweiterung des Sortiments, mehr Lamm als Rind, mehr Huhn als Schwein, mehr Wasser als Fett in der Wurst. Auf biologischen Anbau achten! Auch jeder Bäcker hat seine Unternehmensphilosophie, eine alte und eine neue: Wenn die Zeiten teurer werden, lieber die Preise halten und die Brötchen kleiner machen. Korn und Schrot ins Marketing. Nicht auf Lehrlinge verlassen, sondern selbst früh aufstehen! Einheirat in Bäckerei nie ausschließen. Schädlingsbekämpfung leise. Biologische Arbeitsweise betonen. Bäcker unauffällig als gute Menschen herausstellen.

Die Gastwirte, stets mehr der Öffentlichkeit zugekehrt, hatten immer ihre eigene Philosophie, sie brauchten keine Lehrbücher, sondern nur Menschen wie *Sokrates* in Athen, und so waren die Gasthäuser immer Kommunikationszentren und Laboratorien der Philosophie; als Meditationszentren waren sie zu laut. Der Heilige Paulus war sinnigerweise auf seiner letzten Reise bei „Tres Tabernae" in Italien angekommen, was zu Deutsch eben „Zu den drei Kneipen" heißt und so gesehen beispielhaft war. Das sollte als biblischer Sound fortdauern.

Bäcker, Metzger und Gastwirte denken nicht nur an die eigene Branche, sondern über den eigenen Laden hinaus an den Menschen als solches. Das ist angesichts der Spezialisierung unserer Branchen und Wissenschaften ungeheuer wichtig. Geahnt haben sie das schon in früheren Zeiten:

„Seit es Gelehrte gibt, gibt es keine guten Menschen mehr;
die alte schlichte und freie Tugend hat sich in eine unübersichtliche
und erklügelte Wissenschaft verwandelt und wir lernen trefflich
zu disputieren, aber nicht zu leben ..."

Das hat nicht erst Schelsky oder Frau Noelle-Neumann, sondern schon *Seneca* gesagt. Er hat um die Begrifflichkeit der Philosophie gerungen und den wissenschaftsübergreifenden Ansatz angedacht. So hat eben jedes Zeitalter seine Weisen. Die Bibel hatte Salomon, die Griechen hatten *Sokrates*, die Römer *Seneca*, und wir haben Verbraucherzentralen, die Kundenzeitschriften und die Fernsehwerbung. Sogar die Schlagersänger stellen sich häufig in diesen Dienst am Menschen und singen Leitartikel, wenn es irgendwo auf den Nägeln oder sonstwo brennt. Sie tun alle ihr Möglichstes, jeder auf seine Weise, damit wir weiterhin gute Menschen bleiben und gute Zeiten bekommen. Aber wir brauchen Philosophie für das Ganze. Wir brauchen wieder Philosophenwege, wie es sie in alten Schlössern und Städten gibt, um noch tiefer nachzudenken. Wir brauchen eine wissenschaftsorientierte Lebensphilosophie für Inhalt und Methode und vielleicht sogar eine neue, postindustrielle Mystik wie in alten Zeiten.

Sprechen Sie ruhig darüber mit ihren Nachbarn oder wenigstens mit sich selbst, wenn keiner zuhören mag. Und lassen Sie keinen Nihilisten rein!

Die magische Sieben

Sind nun die sieben Punkte über die Nützlichkeit der Philosophie ein ordnender Zufall oder ein dezenter, immanenter, postrationaler Hinweis auf die Mystik der magischen Zahl Sieben? Man könnte es glatt meinen. Wir kennen ja nicht nur die sieben Geißlein als Chiffren für frühpubertäre Angst und zeitweilig verdrängten Mutterkomplex. Wir kennen die sieben Schwaben als Paradigma für die philosophische Überwindung kollektiver Angstzustände. Die sieben Zwerge sind als kleinwüchsige, treue aber hilflose Freunde Schneewittchens beispielgebend, weil sie den Notarzt riefen, aber auch nicht mehr helfen konnten, beispielgebend bis hin zum Gartenzwerg im Vorgarten. Die sieben Raben sind fliegende Symbole der Weisheit. Die Siebenmeilenstiefel sind Wunderwerkzeuge der Fortbewegung. Der siebenarmige Leuchter der Juden ernsthafteres Weltzeichen wie die sieben Tage der Schöpfung. Die Sieben Weltwunder. Die sieben Sakramente. Die sieben Planeten des Ptolemäus. Die sieben fetten und die sieben mageren Jahre, die dem ägyptischen Joseph vorhergesagt wurden: Es war die erste beglaubigte Konjunkturprognose. Alles unglaublich mystisch.

Weltwunder und Welträtsel. Wir haben aber beinahe schon vergessen, daß am Anfang der griechischen Weltphilosophie zweimal die Sieben auftaucht.

Welche sieben Städte stritten sich, die Heimat des großen Homer gewesen zu sein, der vielleicht gar nicht lebte, aber mit Sicherheit blind war?

„Smyrna, Rhodos, Kolophon, Ithace, Chios, Argos, Athene",

hieß der Hexameter, der ein Merksatz für 3000 humanistische Jahre wurde und gelegentlich von gebildeten Reiseleitern auf Mittelmeerkreuzfahrt noch zusammen mit dem Ödipuskomplex erwähnt wird.

„Cum Solone Thales, Cleobulos cum Periandro
Chilon Spartanus, Pittakus atque Bias",

heißt das Distichon über die sieben großen Philosophen Griechenlands. Ein Merksatz von außergewöhnlicher Langzeitwirkung, weil wir die alten Herren immer noch kennen. Material, das nicht spaltbar oder kaum abbaubar ist. Philosophia perennis, viel permanenter und philosophischer als das amerikanische „Death is so permanent" an gefährlichen Kurven. Aber die Amerikaner, die Russen und viele Afrikaner kennen immer noch die sieben Weisen aus alten Zeiten. Ein Wunder dieser Welt. Ein Weltwunder.

Noch Fragen über die Nützlichkeit der Philosophie? Eigentlich Ja. Da gibt es ja ganz neue Untersuchungen, geriatrische wie neurologische, über die Wirkungen der Philosophie auf den Körper und sein Immunsystem. Man muß sie im Auge behalten.

Gesund durch Philosophie

Das Sein ist ein Sein zum Tode: Das ist ein furchtbares Deutsch und eigentlich auch eine furchtbare philosophische Ansicht, auch wenn sie der Schwarzwälder Denker *Martin Heidegger* einst in die nichtsnutzige Welt geworfen hat. Man könnte den Satz noch verstehen, wenn man die Unfallstatistiken auf Europas Straßen liest und die Verkehrstoten zählt, aber man kann die Philosophie auch durch Philosophie widerlegen und den Satz aufstellen: Gesund durch Philosophie. Zumindest die Gesundheit der Philosophen oder verwandter Denkwerkstätteninhaber ist statistisch überraschend.

Die jungen Leute wie *Arthur Schopenhauer*, der fleißig essend und trinkend 74 wurde, oder wie *Nicolai Hartmann*, der mit 76 Jahren starb, kann ich mir ersparen. Auch *Platon*, *Kant*, *Schelling* und *Eucken* zählen mit ihren erreichten 80 Jahren eigentlich zu den Frühvollendeten. 81 Jahre schaffte *Hans Vaihinger* spielend, so als ob seine „Als-ob-Philosophie" nicht anstrengend gewesen wäre. 82 wurde *Henri Bergson*, der Erfinder des Elan vital, der heutzutage in der gesundheitsbewußten Arzneimittelwerbung gutes Geld verdient hätte. 83 wurde *Kuno Fischer* trotz seiner ästhetischen Neigungen, auch *Sigmund Freud*, der mit starker Anstrengung ein halbes Jahrhundert zwar nicht auf den west-östlichen Diwan, aber doch auf die tiefenpsychologische Couch zwang; nur ein ganz verwegener Zeitgenosse wie *Karl Kraus* konnte dagegen eine freche Lippe riskieren und behaupten: die Psychoanalyse sei jene Geisteskrankheit, für deren Therapie sie sich halte. Unverschämt, nicht wahr?

84 waren die Patriarchen *Voltaire* und *Newton*. 85 wurde gewiß auch jemand , der mir nur im Augenblick nicht einfällt, 86 dann *Gustav Fechner*, obwohl er nur sehr oberflächlich an die Zusammenarbeit von Leib und Seele glaubte. 87 wurde *Johann Eduard Erdmann* und *Albertus Magnus*, 88 *Wilhelm Wundt*, 89 *Max Planck*, den man trotz mancher Lücken im Handbuch zu den Denkern zählen darf. 93 wurde *John Dewey*. 94 *Eduard von Zeller*. Rechnen Sie *Bertrand Russell*, *Karl Jaspers*, *Gabriel Marcel* oder *Albert Schweitzer* selbst nach und prüfen Sie rechtzeitig, sagte der akademische Oberrat in seiner Vorlesung, ob *Ernst Jünger* in Ihrem Weltbild ein Philosoph ist, weil er eigentlich Käfersammler war, aber mit 100 Jahren keinen Hausstrom mehr bezahlen mußte; mit seinen 102 Lebensjahren wäre er eben doch als Rekordinhaber absolut verdächtig und man könne an ihm nicht vorbei. Gesund

durch Philosophie:diese These scheint so glaubhaft wie der Kategorische Imperativ von *Immanuel Kant* aus Königsberg oder das
„Ich weiß, daß ich nichts weiß" von Herrn *Sokrates* aus Athen.

Eine Statistik wäre freilich nicht glaubhaft, wenn man nicht
rechtzeitig die Abweichungen und Fehlerquellen ausschalten
würde, schränkte der akademische Oberrat ein. *Friedrich Nietzsche* starb mit 56. Wahrscheinlich war er mit seinen 25 Jahren einfach zu früh Professor geworden oder das Zerwürfnis mit Richard
Wagner hat seine Kräfte verzehrt. *Fichte* hat sich nach den Reden
an die deutsche Nation beim preußischen Landsturm verkühlt,
weil ihm, wie den meisten Philosophen, die Uniform nicht
bekommen ist.

Von *Kierkegaard*, *Aristoteles*, *Spinoza*, *Descartes* und *Thomas von
Aquin* würde ich sagen, daß sie einfach überarbeitet waren –
womit absolut nicht erwiesen ist, daß etwa die heutigen Philosophen nicht ausgelastet wären. Warnen aber darf man sie wohl vor
dem Verschleiß durch die vielen Talkshows, Zeitungsartikel, Bera-
terverträge und Auslandsreisen: *Immanuel Kant* hat Königsberg
niemals verlassen, unter dem Sternenhimmel über
das Sittengesetz nachgedacht und eigentlich
doch ganz ordentlich gearbeitet. *Baruch de Spinoza* war als Glaslinsenschleifer eigentlich ein
armer Teufel, der einmal drei Monate lang nicht
aus dem Haus und wahrscheinlich nicht einmal
zum Haareschneiden ging; mit einiger Sicherheit haben boshafte Glaubensgenossen und
neidische Kollegen sein Lebenslicht schon
beim Stand von 44 Jahren hilfreich ausgeblasen. Ein Geheimnis war bisher auch
der frühe Tod des großen *Hegel*. Wahrscheinlich war auch er durch Doppelbe-

**Baruch de Spinoza,
1632 – 1677**

lastung verschlissen. Er war zeitweilig Zeitungsredakteur in
Bamberg und schrieb nebenbei die sehr anstrengende „Phänomenologie des Geistes". Diese Überlastung wäre ihm im Bundes-
presseamt oder bei den öffentlich rechtlichen Rundfunkanstalten
nicht passiert.

„Alles Wissen und alle Vermehrung unseres Wissens endet nicht mit einem Schlußpunkt, sondern mit Fragezeichen. Ein Plus an Wissen bedeutet ein Plus an Fragestellungen, und jede von ihnen wird immer wieder von neuen Fragestellungen abgelöst",

sagte Hermann Hesse, der kein hauptamtlicher Berufsphilosoph war, der gelegentlich gewiß an die Ablösung der Philosophie durch die Kunst glaubte und sich gelegentlich auch in philosophischen Lebensfragen nicht ganz sicher war. Sollten tatsächlich die Philosophen abdanken, weil keiner mehr richtig weiß, was überhaupt Wahrheit ist und auch keiner es mehr wissen will? Das wäre gewiß die zarteste Versuchung seit es lila Kühe gibt. Wenn die Vernunft das Letzte wäre, auf das sich der Mensch verlassen kann, dann wäre dies der geheime Offenbarungseid. Wenn einer wie Hermann Hesse freilich im Laufe seines Lebens mehrere tausend Aphorismen produziert, kommt die Widersprüchlichkeit von Gedanken schon einmal vor. Aber hier hat er wohl wie *Sokrates* und vielleicht sogar wie *Derrida* gedacht: Wir sind noch nicht am Schlußpunkt angekommen, wir sind noch auf dem Weg.

II. Welcher Philosoph
paßt zu Ihnen?

Philosophie schafft Persönlichkeit und erweitert Persönlichkeit. So weit waren wir schon. Aber welcher Philosoph paßt nun zu Ihnen? Welcher aus dem Jahrtausend-Sortiment könnte Ihr Typ sein, der den Erfolg verspricht, den Sie sich wünschen? Nähert sich heute ein als klischeehaft dumm angestrichenes Blondchen besser dem dunklen, unerklärlichen *Nietzsche* oder mit Eyeshadow und Allwettertaft einem durchschaubaren Animateur im Club, wenn sie das blöde Image loswerden will? Kauft sich die philosophisch fest entschlossene alte Dame ein Kuscheltier zum richtig Liebhaben oder einige Bücher von *Sokrates*, weil das unsere ehemalige Bundestagspräsidentin als Lektüre empfohlen hat, obwohl er nachweislich gar nichts geschrieben hat?

Das ist gar nicht so einfach zu beantworten, weil zunächst zwischen persönlicher Neigung und öffentlicher Hingabe zu unterscheiden ist, also zwischen Wirklichkeit und Image, zwischen ehrlicher Vorliebe und einer Maskerade mit der Philosophie des Als-ob, über die Kollege *Vaihinger* schon geschrieben hat. Design oder Nichtsein ist hier als Problem vorgegeben.

„Sein ist wahrgenommen werden – esse est percipi",

hat schon ein früher aufgeweckter Engländer in lateinischer Sprache festgestellt. Er hat sogar das ganze Sein mit der Erkenntnis existentiell bedingt und damit der Erkenntnistheorie einen Marketinganspruch eingeräumt. Der Erfolgsuchende muß also wahrgenommen werden wie eine Zigarettenmarke, eine Biersorte oder ein Spray. Wenn er dies will, muß er interessant sein und auffallen. Der Fasan im Wald schlägt deshalb mit den Flügeln, der Pfau im Zoo schlägt das Rad. Das ist der erste Schritt im Tierreich. Im menschlichen Dasein aber muß das auffallende Getue unterfüttert oder substantiiert werden. Die Leute müssen einen Mann oder eine Frau im Büro, im Lehrerkollegium, in der Kleinstadt oder

Großstadt zunächst einmal wahrnehmen, vielleicht zunächst als exotische Intelligenzbestie, später vielleicht aufregend oder zumindest anregend oder sympathisch finden und am Ende sogar mögen, weil sie den Typ, männlich oder weiblich, mögen. Er wird identifiziert und man kann sich mit ihm allmählich identifizieren, wenn nicht sogar infizieren. Wenn er im Dienste einer Idee oder einer Partei steht und ein Programm verkündet, wollen es die Leute meist gar nicht mehr so genau wissen. Der Typ ist das Programm, wenn er gut aussieht oder irgendetwas Auffallendes, Aufregendes oder eben Attraktives an sich hat. Das ist die von *Schopenhauer* bereits genannte Welt als Wille und Vorstellung oder die Anmache durch Angabe. Die jungen Leute reden heute häufig gar nicht von einer bestimmten Sängerpersönlichkeit oder Politikerperson, sondern einfach vom Typ. Damit sind sie orientiert und hinreichend im Bilde. Die Imageberater und die Marketingstrategen sind über diese einfachen Zusammenhänge schon lange im Bild.

Im Bereich der Musik ist dies einfacher, da sieht man sofort, was paßt und was nicht paßt. Kann man sich zum Beispiel Willy Brandt als Freund und Bekenner der Marschmusik vorstellen? Nein, das kann man nicht, weil zu einem Politiker seines Kalibers ein weithin glaubhaftes, stimmiges Bild in die Öffentlichkeit kommen mußte. Da blieb also nur intellektuelle Kühle, gepaart mit weitläufigem Geschichtsbewußtsein, landsmannschaftlichem Gefühl, gepflegtem Understatement und kompositorischer Durchsichtigkeit. Da blieben am Ende nur die Brandenburgischen Konzerte von Johann Sebastian Bach in der Rasterfahndung der Imageberater. Wind, Sand und Streicherglanz: Das war die Welt als Wille und Vorstellung. Konrad Adenauer dagegen konnte man sich als Freund der Marschmusik vorstellen, weil seine Traditionen ungebrochen waren und die braunen Aufmärsche ihn nicht verwirrt hatten. Er hat den Organisatoren der neuen Bundeswehr den Auftrag erteilt, sie sollten schöne Uniformen und „vill Musik" organisieren, weil das die Leute gern mögen. Damit hat er auch recht behalten. Natürlich paßte auch Bruckner zu ihm. Man hat folgerichtig auch den zweiten Satz aus der VII. Symphonie gespielt, als die Nachricht von seinem Tod über den Rundfunk ausgestrahlt wurde.

Bei der Auswahl des philosophischen Favoriten oder Musterhelden ist noch eine Vorfrage zu klären, mit deren Anführung man im Small talk oder bei Kamingesprächen bereits Aufmerksamkeit wecken kann. Wen rechnet man eigentlich zu den Philosophen? Das müssen vor allem die vom Fernsehen wissen, weil sie genaue Schubladen mit Typen haben, aus denen sie jeweils bei Standardsituationen die zuständigen herausnehmen. Bei der Kategorisierung kann es schon lebhaft werden. War Einstein Physiker oder Philosoph? Gehörte Goethe kategorisch zu den Dichtern oder Einstein zu den Philosophen? Wie ist es mit Heinrich Heine oder Ernst Jünger, mit Platon und Dante, mit Hölderlin und Adalbert Stifter? War Karl Marx Politiker oder Philosoph, ist der Dichter Günter Grass auch Philosoph wie Wolf Biermann oder Rudolf Augstein? Wohin gehören Sigmund Freud, Eulenspiegel und Karl Valentin, die Abderiten und die Schildbürger, das Dioskurenpaar Tünnes und Schäl aus Köln, die revolutionären Karnevalisten aus Mainz und Trier oder der Kappedeschle von Radolfzell, der die französische Besatzungsmacht durch Nachdenken überlistete und dafür von seiner Heimat ein Denkmal bekam: die Franzosen hatten verfügt, daß man zur Fastnacht nicht auf die Straße, sondern nur aus dem Fenster schauen dürfe, weshalb er das Fenster herausriß, durch die Rahmen schaute, damit auf die Straße lief und somit das Gesetz in beinahe sokratischer Brillanz erfüllte. Meine Verehrung.

Die Grenzen zwischen richtiger Philosophie, Populärphilosophie und Dichtung sind ebenso interessant wie fließend. Das war schon in der deutschen Romantik so, als sich die Philosophie mit der Dichtkunst bis zur Unauflöslichkeit verbündete. *Kant* und *Hegel* lebten zur gleichen Zeit wie Goethe, Schiller, Kleist und Hölderlin, Richard Wagner und E.T.A. Hoffmann. Sie alle klärten die Leute wegen der Aufklärung auf oder erfreuten sie wenigstens. Das waren vielleicht unsere besten deutschen Zeiten. Das war aber auch schon im Altertum einmal so ähnlich, als Philosophen, Pädagogen und Dichter noch nicht in getrennten Schubladen lagen. Die Besten haben sich immer wieder Gedanken über die inneren Zusammenhänge gemacht:

„Die Knaben haben ihre Lehrer, die sie unterrichten, die Erwachsenen dagegen haben die Dichter", wußte schon der Komödiendichter Aristophanes, der ein wirklicher Dichter und unerbittlicher Kritiker, also gewissermaßen ein früher Intellektueller war.

„Ich habe nämlich oft gehört, kein Dichter sei ohne inneres Feuer, keiner ohne einen gewissen Wahnsinn zu denken", schrieb dann mehr zur Sache der Römer Horaz, der auch hauptamtlich Dichter und Philosoph war. Die Sache mit dem gewissen Wahnsinn hat er richtig gesehen, ohne daß man gleich auf *Nietzsche* und Hölderlin zu sprechen kommen muß. Man kann auch bei Helge Schneider beginnen oder mit Guildo Horn aus der neuesten Geschichte des konstruktiven Wahnsinns fortfahren. Diese kennen genau den gefragten Typ und plazieren ihn in der Marktlücke.

„Sie ziehen plötzlich ein Gedicht aus der Tasche oder beginnen ein Gespräch über Philosophie", schrieb Heinrich Heine über einige Zeitgenossen, die mit doppelten Karten spielten. Die reine Philosophie ist nicht immer und überall von der Dichtkunst zu trennen, Dichter mit Tiefgang gelten vor allem hier als Philosophen, der Rechtsweg ist ausgeschlossen. Darüber sollten wir uns im Klaren sein. Sie dienen beide der Persönlichkeitsbildung ihrer Zeitgenossen oder späteren Verehrer, ihre Nutzung bedarf nicht der Genehmigung. Und dann in medias res mit Erkenntnissen und Empfehlungen.

Einem Parteigenossen jedweder Couleur kann man natürlich in dezenter Anspielung die „Wahlverwandtschaften" von Goethe schenken. Er muß sie ja nicht unbedingt lesen. Der so Beschenkte liest schon aus dem Titel Sympathie und Bekenntnis. Für Ostpolitiker könnte sich naturgemäß auch der „West-östliche Diwan" empfehlen. Vielleicht empfindet er dabei auch die Gewißheit, daß sich alte Sofas immer mehr durchsetzen.

Noch einfacher ist es mit der philosophischen Empfehlung für einen Installateur. Das kann nur Dichtung und Wahrheit von Goethe sein. Vielleicht fühlt er sich hochrangig behandelt und intellektuell geehrt, vielleicht wird er bei der Rechnungslegung für die Dichtung einer Wasserleitung, aber auch an die Ethik des Handwerks und das Finanzamt erinnert. Dem Handwerker an sich könnte man viele Beispiele für Lebensführung und Nachruhm anbieten. Der Heilige Paulus war Zeltmacher, Friedrich der Große lernte als Bierbrauer, blieb aber nicht in der Branche. Der Größte von allen ist wahrscheinlich eben doch Hans Sachs, der Schuster aus Nürnberg, der nicht etwa den Nürnberger Trichter als automatisierten Weisheitseingeber entwickelte, sondern ein bedeutender Gesellschaftskritiker, beschlagener Laientheologe und maßgeblicher Betreiber der Reformation in Nürnberg war. Wenn einer dann auch noch zentrale Figur einer Oper wird, die von Regisseuren, Dirigenten, Beleuchtern, Baritonen, Bässen und Kritikern nicht totzukriegen ist, dann ist wohl der Gipfel des Ruhmes erreicht. Hans Sachs war Schuster und Poet, Schuhhändler und Philosoph. Die Handwerkskammern sollten ihn in ihren PR-Abteilungen nicht länger übersehen lassen.

Der Wein erfreut an sich das Menschenherz. Das steht schon so im Alten Testament und bei Götz von Berlichingen. Will man aber einem Freund von Moselweinen eine zusätzliche Freude machen, dann darf man ihn getrost an *Karl Marx* erinnern. Der Mann aus Trier fühlte sich ja selbst als „Ex-Winzer", im eigentlichen und im philosophischen Sinn. Seine erste große Schrift befaßte sich mit der Not der Moselwinzer in dem neupreußischen Gebiet. Dabei hätte er bleiben sollen, kann man dem Gastgeber sagen, wenn der edle Tropfen aus Fiesport, Wehlen, Cochem oder auch von Saar und Ruwer im Glase funkelt. Er hätte Philosoph bleiben sollen und das andere – er weiß schon, was Sie meinen – lassen sollen. *Marx* könnte so gesehen heute wieder ein Überraschungsgast und Wahlverwandter sein, ein Typ, den man, unter ausgewählten Leuten und ohne Presse natürlich unter fürsorglicher Betreuung, als Philosophen vorzeigen kann. „Marx war ja kein Marxist, so wie Spartakus kein Spartakist war", sagen sie in ganz normaler Tonlage, aber die Leute werden aufhorchen. Und wenn später beim Kartenspiel gefragt wird, ob man *Marx* heutzutage wirklich kennen müsse, um die Welt zu verstehen, kann man sich auf die Formel einigen: Nein, man braucht zum Skatspielen auch nicht die Mengenlehre. Wenn das alles noch nicht für einen langen Abend ausreicht, dann muß man halt *Poppers* vernichtende Kritik an *Marx* auflegen oder wenigstens philosophische Souveränität mit dem Satz beweisen: "Marx können Sie vergessen, Engels müssen Sie lesen".

Im Zweifelsfall reicht in fortgeschrittener Stunde auch der berühmte Abschiedsgruß eines Bonner Karnevalisten, der da lautete: „Ich wünsche Ihnen Marx in den Knochen und Engels im Bett." Pfui Teufel, sagt vielleicht die Dame des Hauses, wird rot, geht hinaus und schreibt sich den Witz auf.

Aber das sind natürlich nur Aperitifs der Typenlehre, keine wissenschaftlich gesicherten und durch Meinungsumfragen angereicherten Erkenntnisse. Sie haben höchstens eine Sicherheitsquote wie seinerzeit die berühmte Pythia von Delphi, die aus der dampfenden Erdspalte ihre zweideutigen Orakel absonderte. Man muß heute schon die Pythia von Allensbach, also Frau Elisabeth Noelle-Neumann mit ihrem Demoskopischen Institut am Bodensee bemühen, ergänzt durch Emnid, Prognos, die fünf Wirtschaftsweisen und den Sachverständigenrat, die Deutsche Gesellschaft für Parapsychologie, ein anerkanntes Heiratsvermittlungsinstitut und je einen namhaften Vertreter aus Gewerkschaft und Marketingbranche. Erst dann kommt man zu halbwegs gesicherten, typologischen Ergebnissen in der angewandten Philosophie und zu statistischen Werten von individualer Relevanz, die man ähnlich wie die Horoskope auch einer weiteren Öffentlichkeit empfehlen kann.

Die große Typenlehre für Apotheker, Models und Beamte

Der höhere Politiker,
kann sich eigentlich keinen einzelnen Philosophen zur Selbstfindung, Identifikation und Typenpflege heranziehen. Wenn es trotzdem vom Medienberater gefordert wird, dann unbedingt

Kant, Popper oder *Marc Aurel*. Empfehlung geht nach *Marc Aurel*, weil dieser keiner konfessionellen Gemeinschaft angehörte, Bartträger wie Johannes Brahms und *Karl Marx* war, heute noch in Rom auf einem frisch restaurierten Standbild steht, sehr modern in seinen Aussagen wirkt und von Kontrahenten nicht so häufig zitiert wird. Mit aller Schärfe gegen die Diktatur der Proleten in Politik und Kunst. Wenn der Politiker auf Wahlkampftour über die Dörfer geht, so wie die Viehhändler ein einfaches Fahrzeug wählen, offenes Hemd, aufgekrempelte Ärmel und nur Bier. Die Philosophie kann man dann meist auch weglassen.

Die ältere Lehrerin,

Staatsexamen mit Eins, spricht Englisch, Französisch, Italienisch. Teetrinkerin. Ohne Auto, aber riesige Bibliothek und perfekte Stereoanlage. Hört Violionkonzerte, neuerdings Anne-Sophie Mutter, Lieder von Brahms und Richard Strauß. Trägt Kontaktlinsen, eine ältere Handtasche von Gucci in der Schule und im Hause Birkenstock. Liebt Chagall und Rioja, Südtirol, Trennkost und Gurken aus dem Spreewald. Liest Rainer Maria Rilke, Gottfried Benn, Martin Walser und Brigitte Bardot. Hat von dieser im Schlafzimmer den Satz hängen, künstlerisch geschrieben und kostbar gerahmt: „Sollte ich wiedergeboren werden, dann wäre ich gerne eine Rose in einem englichen Garten, ein Schmetterling über einem Ginsterfeld in der Normandie oder ein Dackel bei einer Schweizerin." Braucht keine Vorzeigephilosophie, aber für die Schule etwas moderneren Touch. Empfehlung Sloterdijk. Zur intellektuellen Entlastung Musicals.

Die jüngere Lehrerin,

athletisch, rotblond, Allwetterspray, Gewichtsprobleme, 68er Auslaufmodell, verunsichert, leicht flippig und von sanfter Verruchtheit, steht auf Schlabberlook, Woodstock und Modern Talking. Hat es schon mit Ausdruckstanz, Hermann Hesse, Zen-Buddhismus und grünem Tee versucht. Haßt Herzbuben, Bundeswehr, feste Beziehungen und Ernst Jünger. Will bei Frankreichurlaub klären, ob Jeanne d'Arc Östrogene nahm und vielleicht zweigeschlechtlich gewesen sein könnte. Liebt Müsli, Konstruktivismus, Provence, Dali, Emanzipation, Kontraste. Im Bücherregal gut sichtbar Adorno, Jellinek und Wickert. Wartet grundsätzlich Calvados auf. Liest „Salz auf der Haut", hat keine Angst mehr vor Virginia Wolff. Kommt im Kollegium gut voran. Ihr Typ: Simone de Beauvoir oder die Tanja aus der Lindenstraße. Noch auf dem Trip, sucht immer noch das Super Feeling. Zu empfehlen: Großmutters Kochbuch oder wenigstens Biolek.

Der Pastor, katholisch,
Pygniker, rheumatisch veranlagter Rahner-Schüler, Problem mit Knien, Rotweinfreund, ehemals Bergwanderer, las früher jeden Tag viermal sein Brevier, konnte acht bis zehn Strophen von „Großer Gott, wir loben Dich" und alle Strophen von „Ein Haus voll Glorie schauet" auswendig, mußte die Beichtpraxis des Alfons von Ligouri und wenigstens ein Standardwerk der Moral auf dem Schreibtisch haben. Liest heute Rathausboten und Bistumsblatt, jedes Jahr mindestens ein Buch über die Handschriftenfunde von Qumran oder das Turiner Grabtuch und Enzykliken aus Rom querbeet, ganz offen Küng und Bonhoeffer, heimlich Drewermann und Illustrierte. Hat wegen der vielen Vereine und Verbände in der Gemeinde eigentlich überhaupt keine Zeit zum Lesen. Verehrt Johann Sebastian Bach als fünften Evangelisten, fragt sich, ob dieser wegen der H-Moll-Messe nicht doch katholisch gewesen ist. Empfehlung für Pastor und Gemeinde: gemäßigter Fortschritt und Entlastung des Intellekts, Kriminalromane Richtung Pater Brown, Chesterton. Fußball, Formel I.

Der Pastor, evangelisch-lutherisch,
Leptosom, gebildet in Neuendettelsau, Wittenberg und auf Weltreise, unverheiratet, Motorradfreak, Antialhoholiker und Vegetarier. Selbstversorger. Sympathisierte mit Camillo Torres und Che Guevara, besitzt noch die kleine rote Mao-Bibel. War mit blauem Schultertuch führend in der Friedensbewegung, bis die Kommunisten Überhand hatten. Vertraut mit der Befreiungstheologie. Engagements in Nicaragua, Kolumbien und Haiti. Hat noch Pro-

bleme mit der Synode und dem Superintendenten. Liest heimlich Ratzinger, New Age, Bakunin und die römischen Konflikte des Pfarrer Kneipp. Mag Posaunenchöre, weil da die Lutheraner den Katholiken überlegen sind, schätzt Martin Luther und seine kräftige Rede, Johann Sebastian Bach. Alle Philosophen passen zu seinem Typ.

Der Beamte,

am Finanzamt, bei der Kommune, staatlicher Behörde oder Arbeitsamt antwortet auf Befragung beinahe durchgängig, daß man keine Zeit für solchen Firlefanz hätte. Wenn Philosophie im Dienst eingeführt werden soll, muß die zweite Frühstückspause abgeschafft, mehr Personal eingestellt und eine Gefahrenzulage erörtert werden. Wenn das alles unmöglich sei, müsse man auch nicht streiken. Philosophie am Stammtisch und im Fußball absolut sei ausreichend. Bundesratsinitiative nicht ausgeschlossen.

Die Unternehmerin,

verwitwet, Alleinerbin, Seniorchefin, grauhaarig ohne Tönung, vermögend, sozial aufgeschlossen. Schätzt Psychosomatik und Enzyme, böhmische Küche, klare Gedanken und klare Schnäpse. Kostbares Porzellan als einziges Hobby. Wegen Intellektualität Außenseiterin in Verbandskreisen, gefährdet. Verachtet Golfer, parfümierte Industrielle und schlechte Manieren bei Tisch. Hört am liebsten Wagner, Beethoven und Brahms, aber auch Franz Lehar, Robert Stolz und gut drehende Motoren. Lieblingsblume : die Rose, Lieblingsvogel: der Rabe, Lieblingsheld im Roman: die Effie Briest, Lieblingshelden in der Geschichte: Graf Schenk von Stauffenberg, Adenauer und Alma Mahler-Werfel, weil diese mit Kokoschka, Gropius, Werfel und Mahler nacheinander verheiratet war und auf der Flucht die III. Symphonie von Bruckner von Österreich bis nach Amerika gerettet hat. Lieblingsautor Adalbert Stifter als Erzähler und Philososoph aus Böhmen. Sie ist lebenserfahren, traditionsbewußt, heimatverbunden, weltoffen: Der Typus ist klar: Sie braucht keine Imagepflege, aber Freunde, Zuhörer und Rotwein.

Der Offizier,
Panzerjäger, graumeliert, verheiratet, drei Kinder, davon zwei
wegen häufigen Standortwechsels in der Schule sitzengeblieben.
Sportlich, gepflegte Umgangsformen. Brauchte für Zugang zum
Generalstabslehrgang und Casino noch Image durch Tiefgang mit
Philosophie. Studierte deshalb Clausewitz, Kissinger und Guderian. Auch Ignatius von Loyola, der früher Offizier war und dann
Jesuit wurde. Seine Lieblingshelden in der Geschichte: Hannibal,
weil er die Elefanten über die Alpen führte und damit die Pan-
zerwaffe begründete; König August der Starke von Sachsen, weil
er nur angriff, wenn er gut ausgeschlafen war; Verteidigungsmini-
ster Volker Rühe, weil er die Nationale Volksarmee ohne großen
Krawall und soziale Probleme auflöste. Lieblingsblume ist die Blume auf dem Pils. Brachte sich bei einer Aufklärungsabteilung mit
John Locke, in der Heeresakademie mit Schelsky und Lübbe voran. Steht jetzt voll auf Clausewitz. Das paßt zu ihm, weil der nicht
nur ein Meister der Strategie und Militärphilosophie, sondern
echter, allerdings verkannter Philosoph war.

Der Ex-Offizier der DDR-Armee,
graumeliert, drahtig, randlose Brille, nahezu dialektfrei, intellektuell wirkend. Aufgewachsen in Sachsen, Großvater in der Sowjetunion verschollen, Vater Republikflüchtling, Mutter im Kombinat
Wilhelm Thälmann aktiv, Schule abgebrochen, dann Parteihoch-
schule abgebrochen. Freiwillig in der Nationalen Volksarmee, mehrere Sicherheitsprüfungen, Dienst an der Mauer, Hauptquartier
Strausberg, Studium von Clausewitz und Guderian, Führungsoffi-
zier für IM im Westen. Wende, Einheit, zunächst ohne Pension,
nicht ohne Hoffnung. Eine deutsche Biographie. War in der NVA
schon für die feudalistischen, großen Preußen wie Scharnhorst und
Friedrich den Großen. In Potsdam bei der Heimkehr Friedrichs
des Großen dabei. Wende. Verachtet die westdeutschen Kritiker
und schätzt zum ersten Mal Bundeskanzler Kohl wegen seiner Haltung. Beeindruckt von Ernst Jünger, weil er gesagt hat, daß ein Trä-
ger des Pour le mérite nicht unbedingt auch eine Kompanie führen
kann. Lieblingsblume ist die Blume auf dem Pils. Trifft ehemalige

IM. Simone auf Mallorca wieder. Lesen gemeinsam in bunten Illustrierten über Hildegard von Bingen und stellen fest, daß dies mehr als Melissengeist und Pfefferminztee war. Pragmatische Philosophie für beide im Übergang und Aufbau einer neuen Identität. Auch zu kombinieren mit Lafontaine und Mahatma Gandhi.

Der Studienassesor,
frisch examiniert in Latein, Turnen, Religion, erste Anstellung in überschaubarer Großstadt, vorwiegend kleinbürgerliches Lehrerkollegium. Ledig, keine Kinder. Heiratsanzeigen in verschiedenen Intelligenzblättern bisher ohne Erfolg, sucht dringend Image. Probiert es mit *Adorno*, stößt auf totales Unverständnis. Probiert mit *Nietzsche* das Dunkle, Geheimnisvolle, wird aber sofort von Antifaschisten mit der Sache vom Übermenschen konfrontiert und an *Nietzsches* Schwester in Weimar erinnert, die dem Führer den Spazierstock des Philosophen gewidmet hat. Probiert es mit schwarzer Gauloise, 650 Mark-Schuhen, fliederfarbener Fliege, Udo Lindenberg, Kawasaki und Heino. Alles Fehlanzeige. Schwenkt endgültig auf Diogenes von Sinope um. Kleidet sich noch lässiger als die meisten Schüler, läßt die Haare lang wachsen, obwohl die Ära der Beatles schon out ist, kommt zur Abiturfeier in Jeans und Pullover ohne Krawatte. Kampiert vom Faschingssonntag bis Aschermittwoch in einem Faß mitten auf dem Marktplatz zelebriert kynische Bedürfnislosigkeit und sagt dem Bürgermeister der Stadt, er möge ihm aus der Sonne gehen, obwohl gar keine zu sehen war. Sollte Verachtung der Politik und Triumph der Philosophie über die Bürokratie bedeuten, war aber bei den Leuten nur Show eines Verrückten. Schülerzeitung war sehr angetan, die Lokalzeitung aufmerksam geworden: Mutiger Querdenker, neue Aussteigerphilosophie und so. Der Studienassessor erhielt plötzlich Briefe von unausgefüllten Damen und ein Angebot von Privatsender für Nachtshow. Karriere mit *Diogenes*.

Der Oberstudiendirektor a. D.,
guterhaltener Pensionär, gesichertes Einkommen, früher gescheiter Pedant, vorwiegend Stoa, *Seneca, Diogenes* und *Sartre*, jetzt

57

Toscana, *Macchiavelli*, *Casanova*, Adriano Celentano, Ornella Muti, Roger Whitacker, Cosima Wagner. Liest Diätpläne und Börsenkurse. Mens sana in corpore sano, Jogging, Segeln, Jeans, Enzyme, Grappa und Limoncello. Studiert nicht mehr viel, weil er schon Studiendirektor und Oberstudiendirektor war. Will aber, weil die Deutschen immer an allem Schuld gewesen sein sollen, noch geschichtsphilosophisch und altersübersichtig Zusammenhänge zwischen Geschichte und Politik aufhellen, ob also die Deutschen nicht schon vor Troja oder wenigstens im Dritten Punischen Krieg dabei waren. Fragt sich auch, ob es seinerzeit auf dem Konzil zu Konstanz 1415, als sie den armen Jan Hus verbrannten, nicht wenigstens einen Feuerlöscher gab. Der Schoß ist ja noch warm, sagen auch die Griechen. Dort wurde im letzten Drittel unseres Jahrhunderts ein 17-jähriger zu einem Jahr Gefängnis verurteilt, weil er Alexander den Großen als Kriegsverbrecher bezeichnet hatte. Man müßte nochmals *Aristoteles*, den Lehrer des Königs, lesen. Müßte am Pensionistenstammtisch gut ankommen.

Die Apothekerin,

mittelgroß, gute Erscheinung, gepflegtes Make-up, Inhaberin in der vierten Generation, durch ständige Reformen und Reformhäuser leicht verunsichert. Will wegen der schwierigen Abrechnungen noch ein Semester Mathematik studieren. Stand früher auf Rolling Stones, dann mehr Hardrock, später Dostojewskij, zitierte gern dessen Satz „Treten Sie beiseite, Hochwürden, die Chemie kommt daher". Achtet heute mehr darauf, daß die Chemie mit Kassen und Kunden stimmt. Besucht regelmäßig Bayreuth für die Seele und St. Moritz für den Leib, nimmt vermutlich Ginseng oder Gelee Royal und liest neben den Kundenzeitschriften auch Hildegard von Bingen. Das stärkt psychosomatisch den ganzen Menschen im Geschäft und überhaupt. Nach der Scheidung Schlüsselerlebnis in Tunis mit *Augustinus*, weil dieser gesagt hat „Liebe und tu, was du willst", weil er in jungen Jahren auch sehr lebhafte Beziehungskisten unterhielt und später ungeniert über seine Jugendsünden redete. *Augustinus*, sehr alt und sehr modern, hatte ein Kunde im Laden bestätigt. Liest jetzt die „Bekenntnisse". Paßt hervorragend. Aber Make-up nicht vernachlässigen.

Der Apotheker,
zwischen 40 und 50, Halbglatze, noch Angestellter der Mutter, leichter Ödipuskomplex und später Minderwertigkeitskomplex, weil Apotheker früher nur vier Semester studierten. Besitzt große Spielzeug-Eisenbahn im Dachgeschoß, mit der auch die Kinder spielen dürfen, beherrschte vor der deutschen Wiedervereinigung das Kursbuch der Bundesbahn, überrascht aber jedesmal am Stammtisch mit seiner Philosophie, die weit über die Unternehmerphilosophie hinausreicht. Der Apotheker gibt zwar zu, daß die Werbung für Mittel gegen Krampfadern, schlechten Stuhlgang oder Mundgeruch das Geschäft belebt, findet aber in der Häufung auch die sprachlichen Risiken und schädlichen Nebenwirkungen. Deshalb hat er sich ohne Beratung zu einem persönlichen und stärkenden Immunisierungsprogramm durchgerungen. Er liest tatsächlich des nachts neben der Eisenbahn Platon. Am liebsten mag er den „Kriton", wo der Tod des *Sokrates* beschrieben ist. Wirft sich jetzt vor allem auf den „Staat" und hat, weil neuerdings so viel Krach von Gammlern, Rockern, Skinheads, Hooligans, Punkern, Autonomen und reinen Motorsportlern rund ums Lokal herrscht, seinen Freunden eine ganze Passage mit großem Ernst wörtlich vorgetragen:

,Wenn sich die Väter daran gewöhnen, ihre Kinder einfach gewähren und laufen zu lassen, wie sie wollen, und sich vor ihren erwachsenen Kindern geradezu fürchten, ein Wort zu reden; oder wenn Söhne schon sein wollen wie die Väter, also ihre Eltern weder scheuen noch sich um ihre Worte kümmern, sich nichts mehr sagen lassen wollen, um ja recht erwachsen und selbständig zu erscheinen. Und auch die Lehrer zittern bei solchen Verhältnissen vor ihren Schülern und schmeicheln ihnen lieber, statt sie sicher und mit starker Hand auf einen geraden Weg zu führen, so daß die Schüler sich nichts mehr aus solchen Lehrern machen. Überhaupt sind wir schon so weit, daß sich die Jüngeren den Älteren gleichstellen, ja gegen sie auftreten in Wort und Tat, die Alten aber setzen sich unter die Jungen und suchen sich ihnen gefällig zu machen, indem sie ihre Albernheiten und Ungehörigkeiten übersehen oder gar daran teilnehmen, damit sie ja nicht den Anschein erwecken, als seien sie Spielverderber oder auf Autorität versessen. Auf diese Weise werden die Seele und die Widerstandskraft aller Jungen allmählich mürbe. Sie werden aufsässig und können es schließlich nicht mehr ertragen, wenn man nur ein klein wenig Unterordnung von ihnen verlangt. Am Ende verachten sie dann auch die Gesetze, weil sie niemand und nichts mehr als Herr über sich anerkennen wollen. Du das ist der schöne, jugendfrohe Anfang der Tyrannei ..." So löse sich eben die Demokratie durch eine gewisse Unersättlichkeit in der Freiheit selber auf, resümierte der Apotheker.

Sie hörten mit Staunen zu und baten ihn schließlich, diesen Text auszudrucken. Man müsse ihn dem Direktor der Schule und der Elternversammlung zur Kenntnis bringen. Es geschah. Und so geschah es, daß neuerdings scheinbar ganz normale Kunden den Apotheker in der Sonnenstraße aufsuchten, um ihn anzustaunen. Er hatte sein Image als Philosoph, der nicht nur am Irdischen hing. Ein paar Hustenbonbons oder Brillenputztücher kaufen sie dann aus Bewunderung oder Höflichkeit allemal. Weil aber die Philosophie die Liebe zur Wahrheit ist, muß man der Ordnung halber erwähnen, daß die Geschichte nur eine Weile gut ging. Eines Tages tauchte nämlich am Stammtisch ein junger Student auf, der den platonischen Idealstaat total auseinandernahm. Dieser sei doch in höchstem Maße verdächtig, totalitär, reaktionär und inhuman, er sei ein Staat der privilegierten Klassenherrschaft und sogar ein rassistisch angehauchter Führerstaat. Streng genommen, hätte Platon mit seiner Theorie sogar konsequent den Tod des *Sokrates* legitimiert. Der Student hatte *Popper*s „Offene Gesellschaft" aufmerksam gelesen. Da erschraken sie alle. Aber der Apotheker sah rasch ein, daß eine stärkere Philosophie wenigstens teilweise eine schwächere Philosophie verdrängen kann, so wie ein neues Medikament eben ein älteres Medikament. Sie waren sich einig, daß weder die Philosophen noch die Apotheker Könige sein sollten.

Der Sparkassendirektor,
zuerst Lehre, Auslandsaufenthalt, *FAZ* oder anderes Intelligenzblatt in der Jacketttasche, anfangs Parteibuch, später wertneutral, kundenfreundlich. Heimattyp und Global Player. In der Kleidung raffiniertes Understatement, variabler als bei Bankern. Auto über 200 PS zu Hause parken, keine Rolex im Geschäft, Hemden italienisch, Schuhe englisch, edle Manschettenknöpfe. Champagner bei Vertragsabschluß in der Vorstandsetage, Lightgetränke in der Kantine. Musikberieselung im Großraum nicht zulassen, auch nicht in der Weihnachtszeit. Eigenen Geschmack zwischen Musical, Werner Henze, Tina Turner und Schostakowitsch kundmachen. Keine Aktien aus dem eigenen Haus, keine Reisen nach Luxemburg. Urlaub in der Eifel, im Bayerischer Wald, Weserbergland und in der Mark Brandenburg mit Fontane im Gepäck. Unbedingt Neigungen zur Bildenden Kunst, zu Handwerk und Philosophie deutlich entwickeln. Vor Hypothekennehmern den Hut ziehen. Interessante Retrospektiven auf *Marx* und die gescheiterten Steuerpolitiker empfehlenswert, präsumptiv auch auf Koran einlesen. Bei Gehalt über 500 000 Mark Relativitätstheorie zu amerikanischen Spitzenmanagern herstellen, die Mehrfachmillionäre auf Dollarbasis sind. Coca-Cola-Chef Goizueta hat 112 Millionen Dollar verdient, Michael Eisner von Walt Disney sogar 565 Millionen Dollar. Deshalb Liebe zur inneren Armut im Sinne von Rilke betonen. *Kants* forschen, aber wirklichkeitsfernen ontologischen Gottesbeweis mit der kassentechnisch unmöglichen Identität von hundert möglichen und hundert tatsächlichen Mark energisch hinterfragen. Kassierer in den Dialog einbeziehen. Bier schätzen, weil auch der staubtrockene *Hegel* Bier geschätzt hat.

So könnte man statistische Erkenntnisse und individuelle Erfahrungen über den passenden Typus für Angabe, Anmache und Überzeugungsarbeit zu Dutzenden erfassen.

„Ich habe Anregungen gegeben und Ihr habt sie angenommen, das ehrt uns beide", oder so ähnlich hat sich Bert Brecht als

Inschrift auf seinen Grabstein gewünscht. Das stimmt. Den passenden Typ muß jeder selber suchen und finden. Jetzt ist noch Zeit zur Wahl.

Einem Detektiv oder Kriminalpolizisten muß man nicht lange die Aufklärung empfehlen. Er klärt sowieso alles auf. Er ist Aufklärung. Einem Angestellten in der Eingangsstufe Mittlerer Dienst dienen stets warme Füße und die warmen Worte von Norbert Blüm, ein regelmäßiges zweites Frühstück, Vertrauen in den Beamtenbund oder in die Angestelltengewerkschaft, eine preisgünstige Autowerkstatt, ein bißchen *Schopenhauer* oder ein ordentlicher Frühschoppen mittendurch. Der Fortgeschrittene kann sich auch an Boethius, den Philosophen aus der scheinbar so dunklen Zeit des Gotenkönigs Theoderich, halten, welcher bereits dankenswerterweise die Weihnachtsgratifikation für fleißige Staatsdiener erfunden hat.

Der Computerfachmann,

hatte Probleme im Kongreßcenter. Die Simultananlage streikte, der Computer übersetzte nicht richtig. Da wollte ein renommierter Theologe die Stelle aus dem Markus-Evangelium – nicht Markuse-Evangelium! – ins Englische übersetzt haben: „Der Geist ist willig, doch das Fleisch ist schwach." Aber was kam heraus? Für das Wort Geist kam Whisky, für das Fleisch kam Steak. Vielleicht war es so ähnlich beim Turmbau zu Babel, tröstete sich der Theologe einstweilen.

Aber der Computerfachmann nahm das nicht so hin. Er will die perfekte Simultananlage wie seinerzeit bei dem Pfingstwunder in Jerusalem, als jeder jeden verstand. Er will sich die Sprachphilosophie vornehmen. Herder oder Wittgenstein wären gar nicht schlecht, vielleicht sogar Dorothee Sölle. Der Theologe warnt. Der Computer könnte im Credo übersetzen „Abgestiegen zu der Sölle". Wäre ja furchtbar. Das kann man der armen Frau nicht antun.

Der Kandidat,

zum Bürgermeisterkandidaten, Fraktionsvorsitzenden oder Oppositionsführer paßt in erster Linie der Besuch von Schützenfesten,

Fußballspielen, Waisenhäusern, Blutspendeaktionen, saisonal Weihnachtsfeier oder Bierzelt, regional die Karnevalssitzung oder der Faschingsball, vielleicht etwas *Cicero* mit der Rede über die Freundschaft oder das Studium der Catilinarischen Verschwörung wegen fundamentaler und anhaltender Techniken im Abschuß. Kann auch die reflektierte Fröhlichkeit von Eulenspiegel, der ideologiefreie Linksdrall von Karl Valentin oder die Abschreckungsphilosophie der Schildbürger sein. Dringend erforderlich eine gediegene Sammlung von Aphorismen. Sollte sich ein Image-Lied wie Walter Scheel suchen, der mit dem „Gelben Wagen" – nicht von der Post! – ins Bundespräsidialamt fuhr. Gute Beziehungen zur Ortspresse. Blaue Anzüge für das Fernsehen und variierende Krawattenfarben. Kameraleute und Beleuchter mit Handschlag begrüßen. Im Kunstverein spezifizierte und fokussierte Kunstausstellungen für Rothaarige zu ermäßigten Preisen ankündigen, vielleicht auch später für Nackte, mit Rubens beginnend. Im Beschwerdefall von der Presse mißverstanden oder falsch zitiert. Bei Großkundgebungen Marschmusik, im Festsaal Corelli, Vivaldi und milder Streicherglanz, bei der Jugend Retrospektive auf Beatles und Rolling Stones, im Altenheim Volksmusik. Ideologisch besonders zu empfehlen der Wiener Maler, Architekt und Philosoph Friedensreich Hundertwasser, der schon die Humustoilette, das Schlitzaugenhaus und geniale Visionen über die ökologische Stadt der Zukunft entwickelt hat. Man weiß zwar noch nicht, wie er wohl die Abwässer in seiner Heimatstadt Wien entsorgen würde, wo doch so viele großartige Filme im Kanalsystem gedreht wurden, aber die Verachtung der Wasserspülung und die Vision ist da:

„Eine scheinbar hygienische Handlung ist eine gottlose Tat",

schreibt er in einem seiner Manifeste über die artgerechte Entsorgung des Darmes. Brillant, visionär, ökologisch und humanistisch, vielleicht sogar human. Wer im gleichen Wahlkampf gleichzeitig mit Hundertwasser die kommunalen und wirklich philosophischen Erfahrungen des langjährigen Stuttgarter Oberbürgermeisters Manfred Rommel empfiehlt, der hat die Vision und die Praxis in einem, das Friedensreich vor sich. Er verströmt dann synchron die coincidentia oppositorum, den Zusammenfall der Gegensätze also, und gewinnt mit mindestens 68 Prozent der abgegebenen Stimmen im ersten Wahlgang. Die Aufklärung siegt, die Abklärung besorgt die Müllabfuhr, die Klärung erfolgt in der Kläranlage.

Glaube und Schönheit,

für Models, ehemalige Klosterschülerinnen, hinausgeworfene Schauspielschülerinnen und gescheiterte Ballettänzerinnen: falls 90-60-90, keine abstehenden Ohren und häßliche Hände Kontakt zu Fotografen oder Friseuren suchen. Bei örtlichen Schönheitswettbewerben in heiterer Profillosigkeit auftreten, Figur betonen, geile Farben tragen, Lidschatten vorsichtig mit Fotografen abstimmen. Vielleicht Feuchtigkeitscreme, Advanced Night Repair, auf jeden Fall frisches Wasser an den Körper lassen. Positiv denken. Wenn erstes Foto in der Bildzeitung oder Bravo, Agentur mit Personality-Styling aufsuchen, auf nächste Konkurrenz mit Bikini und Intelligenzprüfung vorbereiten. Als Lieblingsphilosophen Karl Lagerfeld, Joop, Jil Sander oder Rudolph Moshammer, vielleicht auch Boris Becker, Ira von Fürstenberg, Jeanne Moreau oder Maurice Chevalier nennen. Zitate gut einstudieren, zum Beispiel:

„Das erste trägerlose Abendkleid war für den Fortbestand der Menschheit zweifellos wichtiger als die erste trägerlose Brücke." Stammt von dem großen französischen Entertainer Maurice Chevalier. Erkennungszeichen war sein Hut, die Kreissäge aus Stroh. Und fröhliches, philosophisches Denken.

„Der Fortschritt ist unaufhaltsam. Früher hat man fünf Mottenkugeln für einen Badeanzug gebraucht, jetzt genügt eine Mottenkugel für fünf Badeanzüge", philosophierte die französische Schauspielerin Jeanne Moreau, ganz anders als die Jeanne d'Arc etwa, die noch in der Hitze Blechrüstung trug. Die Modephilosophie wird so zur Geschichtsphilosophie und weist Wege zum Glück auf.

„Es kommt nicht bloß auf das Äußere einer Frau an,
auch die Dessous sind wichtig",

erkannte der Schriftsteller Karl Kraus mit tiefenpsychologischem Blick in Wien, wo allzeit viel über Frauen nachgedacht wurde. Den Satz kann man sich gut merken und auch im nervösen Scheinwerferlicht noch auswendig aufsagen. Er paßt zum denkenden, aufstrebenden Typ.

Sollte tatsächlich ein Prüfer nach *Wittgenstein* fragen, kann die Kandidatin getrost antworten, sie wäre noch nie dort gewesen. Der Prüfer wird es freundlich akzeptieren, weil er auch noch nicht dort war. Wenn auf dem Laufsteg zum Bikini auch Philosophie verlangt wird, dann sollte man auch vorsichtig den Mut haben, den eigenen Verstand zusätzlich zum tiefsinnigen Décolleté zu benützen. Zum Weg in die Spitzenklasse, nach Paris und Marbella, gehört freilich nicht nur Figur und Covergesicht, sondern Small Talk und emotionale Qualität, Glaube und Schönheit gewissermaßen. Das wußten sie auch schon im Altertum, sonst hätte der große *Aristoteles* nicht gesagt, daß die Schönheit für einen Menschen eine bessere Empfehlung als hundert Empfehlungsbriefe sei.

Wer Theorien über den Erfolg in dieser Branche nicht vertraut, sondern Beispiele sucht, kann an Petra Schürmann nicht vorbeikommen. Die bekannte Rundfunk- und Fernsehreporterin war einmal deutsche Schönheitskönigin. Aber die „bella figura" hätte zur Karriere nicht gereicht. Petra Schürmann hat vor der Konkurrenz tatsächlich Philosophie studiert und hätte beinahe noch über *Nietzsche* promoviert. Der Umgang mit dem dunklen Weltverführer hat ihr nicht sichtbar geschadet. Ob die ausgefallene Promotion gut für *Nietzsche* gewesen wäre, wissen wir nicht.

Sind Philosophen käuflich?

Wer sich zum erstenmal in die Philosophie begeben möchte, kann sich in Bibliotheken, Galerien, Volkshochschulen oder Datenbänken einbringen. Kataloge zum Aussuchen erfragen, Sonderangebote beachten. Naturwissenschaftlich Interessierte werden wahrscheinlich bei *Einstein, Heisenberg* oder schon bei *Newton, Albertus Magnus* und *Aristoteles* fündig. Rechtsanwälte, Staatsanwälte und Richter, Rechtsphilosophen und Gewerkschaftsfunktionäre sollten gar nicht genug von den Sophisten kriegen, die ja alles andere als maulflinke Wortklauber und Gesinnungsakrobaten waren. Sie waren Aufklärer, intellektuelle Nutznießer und Anwender der Philosophie im politischen Tagesgeschäft, das sich vornehmlich auf dem Markt und vor Gericht abspielte. Vielleicht genügt den Juristen aber auch die einfachere Lehre der Gerechtigkeit von dem Pferdekäufer Michael Kohlhaas, der Stoa, griechisch-römisch oder Freistil. Geschichtsphilosophen mögen sich mit Herodot und Thukydides aufbauen, bevor sie sich als Fortgeschrittene mit Oswald Spengler und dem Untergang des Abendlandes befassen, der glücklicherweise immer noch nicht stattgefunden hat. Gutsituierte Lehrer der Sekundarstufen I und II sollten systematisch das trübe Schicksal der gescheiten Hauslehrer aufhellend angehen; sie werden mit *Hegel* und Hölderlin überraschende Erkenntnisse gewinnen, obwohl letzterer in Frankfurt aus dem vornehmen Haus rausflog, ein Dichter wurde und zuletzt bei einem Tischler in Untermiete verkümmerte. Sie werden aber auch Philosophen als hochbezahlte Stars entdecken, nicht in unserem Zeitalter, sondern den hochdotierten *Voltaire* oder die griechischen Sophisten, die gefragt waren wie heute die Einpauker der juristischen Examenssemester und deshalb so gut gestellt waren wie heute die Gutachter für Arbeitgeber und Gewerkschaften oder die Fußballstars und Fernsehmoderatoren.

Sie nahmen, was sie bekamen. Protagoras von Abdera ließ sich beispielsweise für eine Reihe von Vorlesungen 100 Minen bezahlen, das waren umgerechnet etwa 10 000 Drachmen; der Durchschnittsverdienst eines Arbeiters betrug damals pro Tag wohl zwei Drachmen. Es war also auch schon damals ein ungesundes Gefälle, wenn man etwa den Verdienst – nicht das Verdienst! – des Literaturpapstes Reich-Ranicki mit dem eines Studienrats oder das Salär des Fernsehstars und Gummibärchenpromotors Thomas Gottschalk mit dem eines Lokalredakteurs in Gelnhausen oder

Schrobenhausen vergleicht. Protagoras verdiente zehnmal soviel wie ein künstlerischer Weltstar vom Rang des Phidias. Aber *Sokrates* blieb arm, und *Diogenes* war demonstrativ arm.

Ob sie wohl gegen Gage ins Fernsehstudio gegangen wären, wenn man sie gebeten hätte? Ob *Immanuel Kant* an einer Talkshow teilgenommen hätte?, fragt man sich, weil ein Philosoph sich durch Fragen auszeichnet, nachdenklich wird und aufklärt, damit es aufklart in der Welt.

Ob *Spinoza* ein ganz anderer geworden wäre, wenn ihn ein König in den Adelsstand erhoben hätte, so wie die britische Königin den Philosophen *Karl Popper* zum Sir erhob. Aber können sie sich Sir Spinoza, Sir Savonarola oder gar Sir Sokrates vorstellen? Genosse war in der ersten Hälfte unseres Jahrhunderts der richtige Ehrentitel. Auch *Bloch*, *Sartre* und *Popper* waren Genossen, bis die Wandlung zu höheren Wandlungen eintrat. Der Philosoph muß sich, wie schon gesagt, im Sinne Russells an Absurditäten gewöhnen. Oder Entwicklungen zulassen.

Die Leute können sich dann jeweils den alten oder den jungen, den rauhen oder den leisen, als Identifikationsmodell auswählen.

Schopenhauer prügelte sich mit seiner Zimmerwirtin, Wittgenstein kämpfte unter Zuhilfenahme eines Schürhakens mit *Popper*. Wäre das was für Sie? *Abaelard* hatte wegen seiner verbotenen Liebe ungeheures Pech mit seiner Männlichkeit. Tolstoi floh vor seiner Frau und starb in einem Eisenbahnwaggon, Sacharow wurde eingesperrt und Solschenizyn ausgebürgert. Harich, Havemann, Bahro und Biermann ging es in der DDR nicht anders. Lassen Sie sich abschrecken oder bewundern sie die Männer der Freiheit? So gibt es Schicksale und Lehren, hinreißende und abschreckende Beispiele in Fülle, abendfüllende Paradigmen: Vorsokratiker und Scholastiker, Stoiker, Kyniker und Hedoniker, Physiker und Metaphysiker, Existentialisten und Dadaisten; Staatsphilosophen und Kunstphilosophen sind Steinbrüche des Geistes und Fundgruben von Typen, die am Ende zu Ihrem eigenen werden. Wer dann auf der Party vielleicht mit dunkler Designerbrille und Gauloise anbringt, daß er neuerdings kafkaesk sei, daß er zwei Marcuses und zwei Kantorowicz kennt und die Monaden von Nomaden unterscheiden kann, der hat schon gewonnen. Er kann dann auch noch ungeniert verkünden, daß er Stefan Remmler, den singenden Dadaisten der späten Siebziger, für den größten deutschen Existentialisten hält.

„Da-Da-Da",

weniger allegro und viel breiter als Beethovens Eingangstakte zur Fünften, für Einzelstimme, ohne Orchesterbegleitung: Das war die Erkennungsmelodie des Fernseh-Dadaismus. Leichter einzuüben als Mahlers Kindertotenlieder oder Schönbergs Zwölfton. Kompakter eben. Philosophie in Tablettenform.

„Alles hat ein Ende, nur die Wurst hat zwei",

das war dann die Krönung eines neuen deutschen Existentialismus für Singstimme und Bürstenhaarschnitt. Remmler hatte mit Outfit, Tiefseetaucherblick und Reibeisenstimme seinen Typ entwickelt, die Marktlücke entdeckt und die Marktchance wahrgenommen. Der Geist kam eindeutig von innen. Er hatte sein Image und das Geld, das er dringend brauchte. Er konnte bald und wohlsituiert wieder von der Bühne abtreten und wie der Kaiser Diokletion Kohl anbauen, von dem er genug verkauft hatte.

Die Dialektik des Cut, Wash & Go

Den schwierigsten Beruf von allen philosophisch Erreichbaren übt zweifelsfrei der Friseur aus. Speziell ist es der Herrenfriseur, der mit seinen Kunden ja in einem ständigen optisch-dialektischen, gewissermaßen existentiell-sensualistischen Verbund steht, während die Frauen wenigstens zweitweise unter der Haube abgeschirmt ruhen. Er entwirft keine erotischen Kunstwerke oder wilde Kultfiguren, aber vor ihm beugen sie alle den Nacken. Er hat alle Sorten Mensch auf dem Stuhl, Pedanten und Choleriker, Rheumatiker, Asthmatiker und Schismatiker, Kapitalisten und

Sozialisten, Vertraute und das absolut unbekannte Wesen Mann. Der Friseur muß der fuzzilogisch-dialektische Perfektionist in Pflicht und Kür sein, weil er auch als Multiplikator geschätzt ist. Zum Pflichtprogramm gehört Fußball, Erste Liga perfekt, mit Mannschaftsaufstellungen, Tabelle, Gehältern und Wertung. Dann Tennis, Formel I, im Sommer Tour de France mit Doping und Sponsoring. Weiterhin Fernsehen mit Stars und Pleiten, Monaco-Töchter, Fürstenhäuser, Rente, Börse, Steuer, Bonn. Das ist alles Standardsituation in allen Salons. Wenn er sich da noch ein wenig in der Kür herausheben will, bedarf es nicht des Figaro von Mozart, sondern der Philosophia perennis. Alles schon dagewesen, weiß der Weise im Salon und zitiert Ben Akiba oder Thomas, wobei er darauf hinweist, daß er nicht den „brüllenden Ochsen" von Aquin, sondern den *Morus* aus England gemeint hat. Sein und Zeit erwähnt er existentialistisch aufgeladen, wenn der Laden voll ist und keiner Zeit hat. Er hat einen Satz von *Konfuzius* über die innere Logik von Gedanken und Sprache neben den Spiegel und Abraham Lincoln neben die Deodorants an die Wand gehängt, obwohl da vor lauter Spiegeln und Regalen kaum mehr ein gescheiter Text Platz hat. Der Meister der Dialektik wird häufig nach dem Warum dieser Wahl gefragt und er ist bald gefragt wie der singende Wirt in der Stadt oder der Pastor, der zum Sieg der heimischen Fußballelf die Glocken läuten läßt. Er hat die Marktlücke durch Erfahrung entdeckt. Daß er Toupettträger I. Klasse ist, fällt überhaupt nicht auf. Philosophie erweitert Persönlichkeit und Ladengeschäft.

Der Friseur ist keine Erfindung des Rokoko oder des Jetset-Zeitalters. Er war schon im Altertum eine klassische Erscheinung, wie uns *Plutarch* anhand einer Anekdote berichtet. Als ein geschwätziger Barbier den Archelaus fragte: „Wie soll ich dich rasieren?", antwortete er: „Stillschweigend". Das wäre heutzutage natürlich absolut unzumutbar, aus der Sicht des Friseurs wie des Kunden. Die Dialektik der Aufklärung verbietet das Schweigen im Salon.

Ich wiederhole, daß bei intensiven gesellschaftlichen Gesprächen, wenn die Musik schon gegangen ist, das Moment der Überraschung wichtig ist. Es geschieht nicht selten, daß bei langen, getränkeorientierten Gesprächen einer dem anderen nicht glaubt, daß die Klassenunterschiede zwischen Hochadel und Niederwild aufbrechen, daß dann nächtelang und angestrengt die Frage nach der Wahrheit erörtert wird und am Ende die Pilatusfrage wie ein Damoklesschwert über der anfänglich so heiteren Runde hängt. Was ist Wahrheit?, fragen sich dann Agnostiker und Skeptiker mit ausgebreiteten, nach innen offenen Armen oder wenigstens mit sokratisch hochgezogenen Augenbrauen, die wegen der Gedankenschwere eigentlich nach unten möchten. In das beklommen konstruktive Schweigen hinein muß dann der geschulte Selbstdarsteller, vielleicht unter Anhebung von Glas und Stimme, laut verkünden: „Was Wahrheit ist, kann ich Ihnen sagen". Wenn sich ihm alle zuwenden, weil da tatsächlich einer das Jahrtausend-Fragezeichen des Pilatus auflösen will, landet er dann den entscheidenden Satz wie die gestochene Rechte eines Linksauslegers:

„Veritas est adaequatio rei et intellectus" – Die Wahrheit ist die Angleichung von Sache und Wahrnehmungsorgan oder die Übereinstimmung von Objekt und Subjekt."

Donnerwetter. Mamma mia. Hochachtungsschluck. Aha-Effekt in Vollendung. Der Gast muß die erkenntnistheoretische Kurzformel nicht weiter erläutern. Die Dame des Hauses nähert sich ihm in Versace und Pumps. Er wird wieder eingeladen und will bald nach seinem prallen Terminkalender schauen. Dann weiß er auch, wer dieser Herr Isaak eigentlich war, ob er wohl *Hegel* und *Habermas* standhalten würde und ob er als Identifikationsmodell im weiteren Sinn vorzuschlagen wäre. „Nicht Wagen sein, sondern das Sein wagen", sage ich gedankenverloren. „Ist von mir". Die Hausherrin bietet spontan an, mich nach Hause zu fahren.

Hat sie den kühnen Satz etwa nicht verstanden oder doch tiefere Absichten?

Plötzlich aber hat es an diesem pluralistischen Abend der Wohlstandsverwahrlosten und spirituellen Verjünger doch geknallt. Ein maulflinker, blasser Altachtundsechziger, dem man seine Vergangenheit nicht ansah, weil er auf Schickimicki umgeschult hatte, und ein Berliner Geschäftsmann, dem sie bei Demos mehrfach die Fensterscheiben eingeschlagen hatten, gerieten wegen der Revoluzzer-Vergangenheit von Joschka Fischer und Cohn-Bendit aneinander – so heftig, daß der Geschäftsmann dem maulflinken Blassen das anbot, was Götz von Berlichingen einst dem Bischof von Bamberg anbieten ließ. „Er kann mich". Die Anrede in der Dritten Person ließ er aus. Da erschraken sie alle fürchterlich, nippten verlegen an ihren Gläsern oder grummelten, daß es so eben auch nicht ginge. Was tut in solchen Augenblick ein wahrer Philosoph? Er spaltet nicht, sondern versöhnt. Er bildet einen Halbkreis und verkündet spontan den Erschrockenen, daß man dies nicht so eng sehen dürfe. Der Satz sei schließlich von Goethe und einer unserer deutschen Kernsätze geworden. Walter von Molo, nach dem Ersten Weltkrieg immerhin Präsident der Dichter-Akademie, hat doch einmal bekannt, daß er für die Lebensweisheit und die durch nichts zu erschütternde Lebensauffassung, die aus den Worten des Götz von Berlichingen spricht, die ganze übrige deutsche Literatur hingeben würde. Im übrigen hat schon lange vor dem Ritter Götz die rabiate Bambergerin Agnes Schwanfelder einem ehrsamen Kanoniker mit leichter anatomisch-topographischer Verschiebung das Gleiche angeboten und die Bamberger haben sogar in der Neuzeit eine Straße nach ihr benannt. Sehen Sie es doch so, meine Herren, meine Damen und Herren. Er führte sie mit sanftem Druck zusammen, stieß mit ihnen an, der Blasse schwieg und der Berliner wollte es noch einmal gut sein lassen. Philosophie versöhnt.

Damit aber die heitere Stimmung nicht verlorenginge, hat der Versöhner noch rechtzeitig die schöne Frage in die Runde geworfen, warum Nero wohl Rom angezündet habe. Na? Er schaut pastoral wie Beethoven damals beim Erwachen heiterer Gefühle bei der Ankunft auf dem Lande. Weil aber keiner die Antwort errät, sagt er sie halt selbst mit gönnerhaftem Erlösungstimbre in der Stimme: Nero hat Rom angezündet, weil er Düsseldorf noch nicht kannte. Befreites Lachen, obwohl der Witz aus der letzten Karnevalssession stammt. Wiedererwachen heiterer Gefühle. Man darf die Stimmung jetzt nicht erneut eintrüben und mit gesicherten Erkenntnissen auftrumpfen, daß Nero Rom gar nicht angezündet hat. Das brächte nichts mehr.

Wenn Sie Ihr Tagwerk froh beginnen oder mit einem philosophischen Betthupferl beschließen möchten, dann vielleicht mit *Immanuel Kant*. „Der Mangel an Urteilskraft ist eigentlich das, was man Dummheit nennt, und einem solchen Gebrechen ist gar nicht abzuhelfen", schrieb der Meister bei seinen Überlegungen über die Rechtslehre; die Kenntnis der Gesetze allein mache noch keinen guten Richter. Sehr richtig! Wer diesen Knochen in die Runde wirft, darf sicher sein, daß viele Hunde – Hunde natürlich nur bildhaft symbolisch! – daran nagen. Jetzt wird es ernst. Bereits vor Beginn des nächsten Kapitels darf ich deshalb um außergewöhnliche Konzentration bitten.

Variationen über den europäischen Existentialismus*

To be or not to be	Shakespeare
To be is to do	Camus
To do is to be	Sartre
Do be do be do	Sinatra

---

* In einer Herrentoilette des Britischen Museums, London, erstmals nachgewiesen.

III. Berühmte Philosophen und wozu man sie gebrauchen kann

W er nicht als schüchternes Mauerblümchen in dieser naß-kalten Welt verblühen will, muß sich nach der Sonne bie-gen. Wer im Büro, am Stammtisch oder an anderen Brennpunk-ten des Lebens nicht eingehen will, muß sich frischhalten und dranhalten, um mithalten zu können. Wer in der Unterhaltungs-gesellschaft des bürgerlichen Lebens dabeisein will, der braucht eine geistige Grundausstattung oder Grundversorgung für das tägliche Infotainment, die seine Überlegenheit sichert. Heutzuta-ge ist ja alles Unterhaltung. Diese Gewißheit begleitet uns in den Bereich der Philosophie, der hier beginnt. Es ist die Hinwendung zu großen, berühmten Philosophen, zu ihren Gedanken, Worten und Werken, die Annäherung an scheinbar dürre, trockene Theo-rien, Begriffe und Systheme. Die Berichterstattung von ihrem ungewöhnlichen Leben erweckt die Bewunderung des Gedan-kenreichtums und die Begeisterung für die Lehrerinnen und Leh-rer der Weisheit von A bis Z, obwohl schon Millionen von Büchern über sie geschrieben wurden. Man kann aus den Lebens-geschichten lernen, daß die Verrückten von gestern die Weisen von heute oder die Romanhelden von morgen sind.

Von Abaelard bis Zarathustra: Wir spielen Stadt, Land, Fluß

„Stadt, Land, Fluß" ist ein beliebtes Spiel von Kindern und auch von Erwachsenen, ein Spiel der kenntnisreichen Schnelldenker. Da denkt sich einer einen Anfangsbuchstaben, der andere sagt Stop und dann muß man mit diesem Anfangsbuchstaben die Städte, Länder oder Flüsse wie aus der Pistole schießen und Punk-te gewinnen. Beispielsweise Deidesheim, Duderstadt, Dortmund, Düsseldorf, Dresden, Dublin bei Städten mit dem Buchstaben D also; Dankwarderode oder Dreilinden wäre schon umstritten. Italien, Island, Indien, wenn Länder mit I gefragt sind; die Innere Mongolei ist auch schon wieder strittig oder nur im Gnadenerweis zulässig. Rhein, Rhone, Regen, wenn Flüsse mit R angesagt sind. Erfahrene Spieler haben für die Schlechtwetterlangeweile die Kategorien längst um Pflanzen, Politiker, und Sportler erweitert. Gewisse Buchstaben wie das O verursachen meist Schwierigkeiten, X, Y, Z sowieso. Xerxes ist der führende Politiker. Die germanische Weltesche Ygdrasil gilt als Pflanze und Zarathustra im äußersten Notfall als Politiker, weil er ja doch *Nietzsche* und dieser wiederum Hitler beeinflußt hat. Wie wäre es aber nun, wenn man wenigstens für die Erwachsenen auch die Dichter, Denker und Philosophen ins Spiel bringen und mit einem blitzschnellen Stop gleich den Anfangsbuchstaben A als Startsignal geben würde? Sie wären alle überrascht, was sich hinter dem Anfangsbuchstaben A an philosophischem Reichtum verbirgt.

Abaelard, Aristoteles, Anselm von Canterbury, Albertus Magnus, Antiphon, Anaxagoras, Anaximenes, Anaximander, Augustinus, Averroes, Avicenna, Abraham a Santa Clara, Arendt, Althusser ... Die Kinder maulen oder reden von Betrug, wenn sie aber endlich im Bett sind, fragen die Erwachsenen dann doch recht gern nach, ob man denn diesen oder jenen wirklich kennen müsse und was man denn so von ihm behalten sollte, um ihn vorzeigen zu können. Jetzt zeigt sich die Rendite meiner Investitionen schon beim Buchstaben A.

„Den Anaxagoras, den Anaximenes und den Anaximander kann ich Euch jetzt nicht voll auflegen", sage ich gleich. Die gehören zu den jonischen Naturwissenschaftlern der Frühzeit. Sie haben zweifellos ihre Verdienste, weil sie nach den Dichtern erstmals den Geheimnissen der Welt auf der Spur waren und nach den Prozessen des Lebens fragten, der eine im Wasser und der andere mehr in der Luft. Den Antiphon aber sollte man sich schon merken, weil er ein kritischer Geist und streitbarer Redner in der Demokratie der Athener war und deshalb pauschal zu den Sophisten gezählt wird. Er war, wie der selige Thukydides schrieb, „ein Mann, der an Tüchtigkeit keinem der Athener seiner Zeit nachstand". Aber haben sie mit ihm gemacht? Sie haben ihn 411 in einer großen

Säuberung vor Gericht gestellt und zum Tode verurteilt. Sein Plädoyer vor Gericht soll sein bestes überhaupt gewesen sein, aber es ist verschollen, was ich außerordentlich bedauere.

Dem Anaxagoras erging es nicht viel anders. Als er die für seine Zeit zu kühne Theorie aufstellte, daß Sonne und Mond glühende Steinmassen seien, hing man ihm eine Klage wegen Götterleugnung an den Hals. Denkt man da nicht gleich an *Kopernikus* und *Galilei*? Oder vielleicht auch an *Abaelard*, auf den ich noch zu sprechen komme? Sie dachten alle an *Abaelard* und *Galilei*.

Aristoteles?, fragten sie nach dieser Explikation schüchtern. „Seid mir bitte nicht böse", sage ich und nehme noch einen Whisky, „aber *Aristoteles* kann man nicht an einem fortgeschrittenen Abend und auch nicht in einer ganzen Woche darstellen. Er war sicher der Fleißigste von allen, die damals den Kulturbeutel erfanden. Er schrieb über Gott und die Welt, über Natur und Staat, über Physik und Metaphysik. Das Mittelalter hat ihn wieder ausgegraben und wir können heute noch fassungslos staunen. Wenn jetzt die Theologen immer behaupten, daß der Weg schon das Ziel sei, so kann ich nur lachen: das hat *Aristoteles* schon lange ausgesprochen. Und wenn man glaubt, erst Sir *Popper* habe den Staat *Platons* kritisiert, so kann ich wiederum auf *Aristoteles* verweisen. Dieser Kommunismus sei im höchsten Maße gegen die Natur des Menschen und sein Gemeinschaftsleben gerichtet, hat er festgestellt, aber unsere gescheiten Herren Intellektuellen haben dies bis 1989 noch nicht recht begriffen. Er hat ja auch Platons Ideenlehre heftig bekämpft, weil er mit der Spaltung von Wesen und Erscheinung oder von Sein und Werden nicht einverstanden war, sondern eben diese Spaltung im Begriff der Wirklichkeit wieder aufheben wollte. Geblieben ist uns von allem der Satz vom Widerspruch: Bejahung und Verneinung derselben Begriffsverknüpfung schließen sich gegenseitig aus, ein Ding kann nicht dasselbe sein und auch nicht sein. Da bin ich mir nicht so sicher. Fragen Sie dies einmal heute einen unserer Politiker, was er davon hält.

Über das Verhältnis von Lehrer und Schüler und die wahre Lehre haben sich auch schon die Klatschmäuler in Athen das Maul zerrissen. Sie haben ein *on dit* von *Platon* zitiert, der nach

Ansicht ungewöhnlich gut unterrichteter Kreise seinen Schüler *Aristoteles* mit einem Fohlen verglichen haben soll, das sich zunächst an seiner Mutter satt getrunken, dann aber gegen sie ausgeschlagen haben soll. Das kommt sowohl in der Philosophie wie in der Politik heute noch so vor. Das wichtigste Anliegen des *Aristoteles* war gewiß die Logik als Vorstufe und Bestandteil aller Wissenschaft und dann natürlich die Politik, weil der Mensch, wie er meinte, von Natur aus ein politisches Wesen sei und die sittliche Tüchtigkeit ihre Vollendung in der Gesellschaft oder im gemeinsamen Leben finden könne.

Aristoteles, 384 – 322 v. Chr.

„Könnt Ihr mir noch geistig folgen?", frage ich in einer beinahe sokratischen Ironie on the rocks. Sie konnten, die Hausfrau schob noch Salzletten und Mineralwasser nach, aber sie sollten zunächst ein paar Kompaktinformationen zur Weiterverwendung haben:

Aristoteles, ohne weiteren Familiennamen, 384 als Sohn des makedonischen Leibarztes Nikomachosin Stageira geboren, daher der Stagirit – nicht Stalaktit! – genannt. Schüler *Platons*, verheiratet mit Frau Pythias, für drei Jahre Erzieher des makedonischen Prinzen Alexander, der später stets aristotelische Literatur unter dem Kopfkissen hatte und der Große wurde. Gründet 355 in den schattigen Laubgängen von Athen das Lyzeum, das sich sehr erfolgreich bis in unser Jahrhundert hielt. Seine Schule der Peripatetiker philosophierte vorzugsweise im Umhergehen, ganz im Gegensatz zu den Platonikern, die lieber sitzen blieben. Starb 322 an einem Magenleiden.

„Schreibt man Peripatetiker mit ‚th'?", fragt eine gut aussehende Enddreißigerin, die sich Notizen macht. „Nein", tröste ich sie, „*Aristoteles* mochte das Pathos nicht". Keiner lacht.

„Hat Ahnung", kommentierte der Jungunternehmer leise. Das war das schönste Kompliment, das ich an diesem Abend bekommen konnte. *Aristoteles* war angekommen. Sie wollten sich ihn gelegentlich zur Brust nehmen, wie sie sagten.

Was hat er eigentlich geschrieben? Die „Nikcmachische Ethik", die „Metaphysik" und die „Meteorologie", „Das Organon als Handwerkszeug für die Wissenschaft", „Über die Dichtkunst", „Über die Seele", „Über die Naturgeschichte der Tiere" – gewissermaßen Brehms Tierleben der Alten Welt oder der Grzimek ohne Afrika. Weiter geht's mit „Über den Himmel", „Von der Zeugung der Tiere", „Über die Kunst der Rede".

„Da mag manches veraltet und längst überholt, von Thomas im Mittelalter wieder aufgearbeitet und fourniert worden sein, aber den 'Staat der Athener', der erst 1891 durch einen Papyrusfund fast vollständig ans Licht kam, sollte man heute noch mit großer Nachdenklichkeit lesen. Es ist die aufregende Kreislauftheorie, die Geschichte der beinahe zwangsläufigen Übergänge von der Monarchie zur Oligarchie, die Entstehung und der Verfall der Tyrannis, die Entstehung der Demokratie und ihre Bedrohung. Irgendwie wiederholt sich das alles, können Sie getrost einige forsche Superdemokraten warnen. Man müßte nur hinter die Geheimnisse kommen. Aber wahrscheinlich liegen sie eben in der menschlichen Natur, die zum Guten wie zum Bösen disponiert ist."

Der gescheite August

Es ist eigentlich unbegreiflich, wieso wir vom „dummen August" reden. Wir könnten ja auch vom dummen Willy oder vom dummen Peter reden, so wie wir vom billigen Jakob oder vom dicken Max reden. Aber nein, es muß der August sein. Könnte es nicht sein, daß der falsche August im Zirkus so sprichwörtlich dumm geworden ist, weil der richtige August so gescheit war?

Mit vollem Namen hieß dieser *Augustinus*. Er war ein Jüngling mit dichterischer Phantasie, ein hoch gerühmter Stilist und Redner. Er war aber vor allem ein großartiger Philosoph, der alle Fäden der bisherigen Philosophie zusammenband, den *Platon* und die Neuplatoniker samt Origenes und alles zu einer geschlossenen, christlichen Philosophie aufarbeitete. *Augustinus* wurde der wahre, große Lehrer des Mittelalters, an dem keiner vorbeikam.

Als er im Jahr 354 zu Thagaste in Numidien geboren wurde, war seine afrikanische Heimat noch Bestandteil des Römischen Reiches, sein Vater ein römischer Beamter im Dienst des Kaisers und seiner heidnischen Götter. Er wurde in Karthago ausgebildet, womit man sieht, daß die Römer Karthago eben doch nicht total zerstört hatten. Als er 430 starb, war er katholischer Bischof und die Wandalen belagerten seine Bischofsstadt Hippo.

Was muß man heute von *Augustinus* wissen? Womit könnte er uns anrühren oder erreichen? Kann man mit ihm auch andere beeindrucken?

1. *Augustinus* war in jungen Jahren ein Wilder, der mit seinen Kumpanen in Sturm und Drang die Gegend verunsicherte. Er hatte eine heftige Beziehungskiste, aus der der Sohn Adeodat hervorging. Sagen Sie ruhig, daß dies „der von Gott Gegebene" heißt und daß das keine Schande war. Er lebte im Konkubinat, der Staat duldete dies und die Kirche schwieg später dazu. Adeodat aber wurde ein wohlerzogener junger Mann und *Augustinus* hielt seiner Mutter, als Kirchenvater gewissermaßen, wie man zu ähnlichen Verhältnissen sagt, die Treue. Sehr bemerkenswert. Ist das eigentlich in Rom noch bekannt?

2. Er verfiel für lange Zeit der Lehre der Manichäer, die schon damals fragten, wie sich denn wohl das Böse in der Welt mit der Allmacht Gottes vereinbaren ließe. Das Böse ist der Mangel des Guten, argumentierte *Augustinus*, als er die Sache durchdacht hatte. Kann man so stehen lassen.

3. *Augustinus* hatte die richtige Mutter. Sie hieß Monika. Sie ist ein bleibendes Beispiel für alle Zeiten, daß eine Mutter nur lange genug Vertrauen bewahren muß, dann wird eines Tages auch aus einem scheinbar ungeratenen Sohn eine Zierde der Familie. „Mer soll ene junge Hungk nit versäufe, mer weeß nit, wat drus weet", ziehen daraus die welterfahrenen, spätrömischen Kölner heute noch den Schluß, daß man also einen jungen Hund nicht ertränken solle, weil man nicht wisse, was daraus werden könnte. Für Tierschützer natürlich absolut und fundamental indiskutabel, für Psychologen aber von erheblichem Interesse.

4. Als die Wandalen in Afrika erschienen, ging das Römische Reich nicht mit seinen heidnischen Göttern, sondern mit dem Christengott, den der Kaiser Konstantin erwählt hatte, unter. Jetzt war die theologische Verlegenheit groß, die Heiden frohlockten. In dieser Not schrieb *Augustinus* „De civitate dei", 22 Bücher über den „Gottesstaat". Das war ein Befreiungsschlag, wie man im Fußball sagen würde, weil er die christliche Kirche aus der Umklammerung des Staates oder der totalen Identifikation befreite und die endgültige Entscheidung über die zwei Reiche, also die *civitas dei* und die *civitas terrena*, dem Jüngsten Gericht überließ. Die heidnischen Götter Roms könnten auch kein ewiges Leben garantieren, sie seien im übrigen unter sich zerstritten wie die Menschen auch, und man wüßte nicht, wer für was zuständig sei, konterte *Augustinus* gegen die alten Römer. Diese Technik kennen wir auch aus der deutschen Politik, aber damals war das Geschichtsapologetik und Philosophie auf allerhöchster Ebene.

5. Einen theokratisch regierten Staat wollte *Augustinus* nicht; dies sollte man auch einmal den Ayatollahs und den islamischen Fundamentalisten mitteilen. *Augustinus* wollte vor allem den gerechten Staat. Wie schrieb er doch so eindrucksvoll: „Ohne Gerechtigkeit, was sind die Staaten anderes als große Räuberbanden? Und umgekehrt: was sind Räuberbanden anderes als Staaten im kleinen? Auch sie sind eine Schar von Menschen, die der Befehl eines Führers leitet, vertragliche Abmachung zusammenhält, und unter denen die Beute nach verabredetem Gesetz geteilt wird."

Lassen Sie diesen Satz niemals und auch nicht beiläufig im Finanzamt fallen, es könnte zu Irritationen kommen.

6. Weil der Mensch im aristotelischen Sinn ein *zoon politikon*, also ein Gemeinschaftswesen ist, ist ein Gemeinschaftswesen notwendig, das man Staat nennen kann. Er ist zwar nicht natürlich, aber dennoch notwendig, weil er die schlimmsten Folgen des Sündenfalls im Paradies, der letztendlich der Verfall der Ordnung war, versuchsweise korrigieren und mildern kann. Der Staat hat sich um Gesetz, Ordnung und den materiellen Wohlstand zu bemühen, ihn herzustellen oder zu garantieren, die geistige Wohlfahrt

aber ist dem Einzelnen überlassen. Diese These, die man mindestens in Punkt Eins und Zwei als Grundzüge einer konservativen Politik bewerten kann, hat – wahrscheinlich unbewußt – der Wiener Karl Kraus kommunalpolitisch neu formuliert, indem er sagte: „Ich verlange von einer Stadt, in der ich leben soll, Asphalt, Straßenspülung, Haustorschlüssel, Luftheizung, Warmwasserleitung. Gemütlich bin ich selbst." Zwei Fackelträger, ein Gedanke, könnte man sagen.

7. „Credo, ut intelligam – ich glaube, damit ich einsehen kann", ist eine seiner maßgeblichen philosophischen Formeln: Ohne die Erleuchtung durch den Glauben ist die Wahrheit nicht zu finden, mit der wir zur Glückseligkeit gelangen. Die Philosophie ist also ein Nahrungsmittel für den Glauben, letztendlich ein Katalysator oder Enzym der Theologie. Über diesen Satz wurde später einige Jahrhunderte nachgedacht. Heute wird er von Theologen mehr zitiert, weil sie lieber einsehen und dann möglicherweise auch noch daran glauben. Müssen.

8. *Augustinus* schrieb die „Confessiones", also die „Bekenntnisse". Es ist die Geschichte seiner Entwicklung, keine selbstgefällige Rechtfertigung oder geschmeidige Selbstbestätigung, sondern eine Autobiografie von schonungsloser Offenheit und Ehrlichkeit. Kann man heute noch allen Memoirenschreibern oder als Urlaubslektüre empfehlen.

9. Ein Schlüsselerlebnis für *Augustinus* war jene Szene im Garten unter einem Feigenbaum, als er in seinen wirren Gedanken und Träumen plötzlich eine rätselhafte Stimme und den zunächst unerklärlichen Imperativ vernahm: "Nimm und lies!", auf lateinisch „Tolle, lege!" Woraufhin *Augustinus* aufsprang, zu seinem Kameraden Alypius zurückging, bei ihm die Paulusbriefe fand und las:

„Nicht in Schmausereien und Trinkgelagen, nicht in Schlafkammern und Unzucht, nicht in Zank und Neid; sondern ziehet an den Herrn Jesum Christum!" Er war plötzlich wie verwandelt,

Augustinus, 354 – 430

80

weil ihm die Schuppen von den Augen gefallen waren, und beschloß sein heidnisches Leben zu beenden.

Wie Sie persönlich zu den Paulusbriefen stehen wollen, müssen Sie selbst entscheiden. Das ist so ähnlich tiefgründig wie bei jenem Pastor, der die Eltern eines Täuflings fragte, ob dieser denn männlichen oder weiblichen Geschlechts sei. „Das muß das Kind später selbst entscheiden", sagten die abgeklärten Eltern.

10. Wenn Sie Briefe schreiben, die besondere Aufmerksamkeit erwecken sollen, schreiben Sie am Schluß noch einmal ausdrücklich „Tolle, lege!" Wenn Sie aber Bücher schreiben, dann auf jeden Fall zur Widmung auf die rechte Aufschlagseite „Tolle, lege!", je nach Bildungsstand lateinisch oder deutsch, aber auf keinen Fall lateinisch mit Übersetzung. Das kränkt.

Einer der bekanntesten Nachfolger des *Augustinus* war *Anselm von Canterbury*. Er war kein Engländer, wie man vielleicht annehmen könnte, sondern in Piemont geboren, vorübergehend Abt in der Normandie und schließlich von 1093– 1109 Erzbischof von Canterbury. Das „Credo ut intelligam" des *Augustinus* war auch sein wissenschaftliches Credo: Der Glaube sollte die Vernunft erleuchten, diese wiederum sollte den Glauben rational begründen. Anselm war ein Meister der Erkennistheorie und des begrifflichen Denkens, berühmt wurde sein ontologischer Gottesbeweis, für unsere Begriffe sehr anstrengend: Weil es überhaupt Sein gibt, muß ein höchstes und absolutes Sein angenommen werden, von dem alles andere Sein sein Sein hat und das selbst nur von sich aus, seiner Wesenheit nach, ist. Während alles einzelne Seiende auch als nichtseiend gedacht werden kann und deshalb die Realität seines Wesens nicht sich selbst, sondern einem anderen, eben dem Absoluten, verdankt, kann das Vollkommenste nur als seiend gedacht werden und existiert somit kraft der Notwendigkeit seiner eigenen Natur. Gottes Essenz

Anselm von Canterbury, 1033 – 1109

involviert seine Existenz. Donnerlittchen, sagt ein ehemaliger Artillerieoffizier anerkennend. Das nenne ich Zielansprache.

„Können Sie geistig noch folgen? Wenn nicht, fragen Sie Ihren Arzt, den Apotheker oder am besten doch Ihren Gemeindepfarrer. Vielleicht hat er den Gottesbeweis in den ersten Semestern noch lernen müssen."

Hm, denken die Zuhörer. Manche schalten nicht willkürlich, sondern unwillkürlich ab. Aber Philosophie strengt eben auch an. Das bedarf des Zuspruchs oder der Tröstung. „Ich kann Ihnen verraten, daß Anselm schon zu Lebzeiten nicht unwidersprochen blieb und aus der Kontroverse der sogenannte Universalienstreit erwuchs", sage ich und lasse mein Taschenexemplar mit dem Gottesbeweis, aus dem ich heimlich vorgetragen hatte, in der Tasche verschwinden. „Sie können sich trösten, daß er auch damals schon nicht komplett verstanden wurde." Irgendwie logo.

Der ganz Große aus Köln

„Unsere Politiker tun immer so, als ob sie Europa erst erfunden hätten oder noch erfinden müßten. Täuschen Sie sich nicht, lassen Sie sich nicht täuschen", pflege ich dann zu sagen; „Wir waren schon vor 700 Jahren viel weiter, natürlich nicht unter Bauern und Handwerkern, aber unter den Gebildeten. Nehmen Sie sich ein Beispiel an Albertus Magnus."

Albert von Lauingen hieß er eigentlich, aber sie nannten ihn bald den Großen. Dieses rühmende Attribut muß nicht immer und überall als Qualitätsnachweis ohne Verfallsdatum gelten. Man kann aber im Falle des Albert von Lauingen davon ausgehen, daß er für seine Zeit einmalig war, womit er die Kriterien der Größe, die mein verehrter Lehrer Jakob Burckhardt eimmal ausgesprochen hat, ganz bestimmt erfüllt hat. Albertus Magnus also.

Albert war ein echter Europäer, allein schon deswegen, weil er Albert hieß. Da war nämlich um das Jahr 1000 ein schottischer Königssohn namens Albert nach Wörleschwang gekommen, hatte dort als Hirte gelebt und den Ruf der Heiligmäßigkeit erworben. Nach ihm ließ wohl der staufische Ministeriale – nicht Ministerialrat! – Marquard von Lauingen seinen Sohn taufen. Der Junge wuchs gesund heran, wurde zunächst in Wald und Flur gescheit, wurde bei den gescheiten Dominikanern noch gescheiter, studierte schließlich in Venedig und Padua und war bald als Lektor und Prediger so bekannt, daß er selbst lehren durfte, in Hildesheim, Freiburg und Straßburg. So selbstverständlich war das mit dem Wechsel der Universität damals nicht, weil es noch keine Zentrale Studienvermittlung gab. Die Dominikaner schikken ihn 1240 als ersten deutschen Lehrer nach Paris, in den Mittelpunkt der Philosophie und Theologie, wo er im Ordenshaus lehrt und nach dem Baccalaureat das Magisterium erwirbt. Er schreibt über die Schöpfung und den Menschen, einen Kommentar zu den Sentenzen des Petrus Lombardus und wird peu à peu eine Koryphäe oder auch ein Star, weniger hochmütig und anfällig freilich als *Abaelard*.

Wenn man die äußere Karriere weiterverfolgt, wird es abenteuerlich: 1248, also im Jahr der Grundsteinlegung des Kölner Doms, verläßt er Paris und geht nach Köln, wo er eine Ordensschule gründet, das studium generale einrichtet und eine ranghohe Hochschule für Philosophie und Theologie aufbaut. Sein bekanntester Schüler wird *Thomas von Aquin*, dem er übrigens 1252 einen Lehrauftrag in Paris verschafft. 1254 wählen ihn die Ordensbrüder in das aufreibende Amt des Provinzials. Aber der kleine, kräftige und durchtrainierte Mann macht das Beste daraus, er wandert durch die riesige Ordensprovinz, die damals von der Schweiz bis an die Nordsee oder von Livland bis nach Österreich reichte, er visitiert, ermutigt und ermahnt die Brüder. 1256 ist er gemeinsam mit Thomas von Aquin in der päpstlichen Residenz von Anagni, um die neuen Bettelorden und Predigerorden gegen die Schmähschrift des Pariser Professors Wilhelm von St. Amour zu verteidigen. Albert und Thomas entlarven die scheinbar so besorgte Schrift als Ausdruck von Kollegenneid. Sie siegen auf der ganzen Linie. Die Schrift des Professors wird verurteilt und verbrannt, wie es damals so frommer Brauch war. Am päpstlichen Hof muß er einen Winter lang lehren und dabei vor allem gegen die aufklärerische Bewegung des Averroismus in Paris Position beziehen. Danach zurück nach Köln und dort Lehrtätigkeit. 1260 dann Bischof von Regensburg. Ein Jahr in Orvieto. Kreuzzugslegat des Papstes für Deutschland und Böhmen. Wieder eineinhalb Jahre Wanderung durch Deutschland. 1264 für drei Jahre in Würzburg. Dort der Kommentar zum Lukasevangelium und zur Philosophie des *Aristoteles* vollendet. 1267 dann am Niederrhein, in Straßburg und Speyer, Kirchenweihen, Priesterweihen. Lehnt erneute Professur in Paris ab. Wieder Köln. Lyon. Antwerpen. Am 15. November 1280 Tod in Köln.

1978 war der polnische Kardinal Karol Wojtyla in Köln. Als man ihn einmal im Protokoll vermißte und suchte, fand man ihn einsam in der Krypta der St. Andreaskirche am Grab des Albertus Magnus. Es war kurz vor seiner Wahl zum Papst.

Was lehrt uns dieses außergewöhnliche Leben des Albertus Magnus, den sein Freund Ulrich in Straßburg „ein staunenswertes Wunder unserer Zeit" genannt hat? Er kam als Junge an der Donau mit Fischen und Falken von der Natur zur Übernatur. Er wäre in unserer Zeit auch bestimmt irgendwie zur Ökologie gekommen. Er war in brisanten theologischen Streitigkeiten ein brillanter Vermittler und in großen politischen Fehden ein sehr erfolgreicher Friedensstifter. Er war nicht mit Fahrrad, Motorrad, Auto oder Flugzeug, sondern mit einfachem Schuhwerk viel zu Fuß unterwegs und lernte nicht nur aus Büchern, sondern unmittelbar von den Menschen; dies könnte man auch den Theologen und Philosophen der Gegenwart wärmstens empfehlen. Er war zeitlebens auch als Mathematiker so klar im Kopf, daß er wahrscheinlich schon das großartige Projekt des Kölner Doms, das alle bisherigen Vorstellungen übertreffen sollte, mit entworfen hat.

Albert besaß in Köln einen Zauberbecher, dessen Wirkungen wir nicht kennen. Vielleicht hat er ihm wenigstens insofern geholfen, daß ihn niemand verzauberte. Wenn er in seiner Zeit die Frauen nicht sonderlich bedachte oder sogar philosophisch vernachlässigte und damit heute noch die Feministinnen aller Länder beunruhigt, möge uns dies nicht beunruhigen. Er lebte im Mittelalter, lange vor Sigmund Freud, Luise Rinser, Eugen Drewermann und Simone de Beauvoir. Es hat noch fast 700 Jahre gedauert, bis sich an der Pariser Sorbonne die erste Frau als Studentin einschreiben durfte.

Ich nenne Ihnen noch einen Philosophen mit dem Anfangsbuchsstaben A aus unserem Jahrhundert. Es ist Konrad Adenauer, der erste Kanzler der Bundesrepublik Deutschland. Wieso dieses? Nun, er hatte ein starkes, geschärftes und differenziertes Verhältnis zur Wahrheit, die bekanntlich das Ziel aller Philosophie ist. Er hat sich zu Lebzeiten im Originalton dazu geoutet: „Wie mein Freund Pferdmenges unterscheide ich drei Steigerungen der Wahrheit. Die einfache Wahrheit, die reine und die lautere Wahrheit. Ich will Ihnen jetzt die reine Wahrheit sagen ..." In einem Gespräch mit Journalisten steigerte er sich noch: „Wissen Sie was, ich gebe es Ihnen zu fünfzig Prozent gelogen, dann verdienen Sie noch mal was am Dementi ..."

Ich bitte um mildernde Umstände, wenn ich in Bescheidenheit vor dem unendlichen Lebenswerk Adornos noch zurückschrecke. Ich will aber meinen Gedanken Audienz geben und wende mich endlich vertrauensvoll dem letzten Aufgebot des Buchstabens A zu, indem ich über die Aufklärung referiere.

Die Aufklärung: Von den Sophisten zu den Nachtaufklärern

Die Kinder sollen möglichst früh über die Gewohnheiten der Bienen, Frösche und Störche informiert werden. In maßvollen Schritten sollen sie allsdann an die Stallhasen und die Biologie des Menschen unter Einbeziehung der Fortpflanzung herangeführt werden. Die Aufklärung sollte nicht zu früh, aber schon im Kindesalter erfolgen. So fordert es die Pädagogik der Behutsamkeit seit vielen hundert Jahren, obwohl immer wieder einmal einer vom Briefträger aufgeklärt wurde oder im Laufe der Zeit von selbst dahinterkam. Manchmal werden heute auch die Eltern von ihren Kindern aufgeklärt.

So ist es halt, klagten sie in der Elternversammlung. Weil ihnen die progressive Biologielehrerin, die wohl schon länger wußte, wo die Glocken hängen, nicht recht zusagte, setzten sie die Diskussion bei einem Bier fort. Da war dann leider einer von der Bundeswehr dabei, der über die modernen Aufklärungsabteilungen redete, die es im Krieg von 1871 noch nicht gegeben hatte, aber sehr erfolgreich bei Tobruk und El Alamein. Er wußte auch Bescheid über Aufklärungsabteilungen der Stasi in der DDR, über die amerikanischen Fernaufklärer in der Luft und über die Spionagesatelliten, die das alles eigentlich längst überflüssig gemacht haben. Die Eltern sahen verlegen drein, der Abend drohte zu kippen.

„Kinder", sage ich, „Kinder, so kommen wir nicht weiter. Von Bienen und Störchen habt Ihr jetzt genug, von Fernaufklärern wahrscheinlich auch. Von der eigentlichen und philosophischen Aufklärung aber habt Ihr wohl wenig Ahnung. Stimmt's?" Es stimmte. Sie baten sogar freundlich drängend um Aufklärung über die Aufklärung. Die bestmögliche aller Definitionen hatte ich noch im Kopf parat, ich rekapitulierte sie langsam, mit stockender Stimme und optisch wirksam um Gedanken ringend:

Immanuel Kant, 1724 – 1804

„Aufklärung ist der Ausgang des Menschen aus seiner selbstverschuldeten Unmündigkeit. Unmündigkeit ist das Unvermögen, sich seines Verstandes ohne Leitung eines anderen zu bedienen. Selbstverschuldet ist diese Unmündigkeit, wenn die Ursache derselben nicht am Mangel des Verstandes, sondern der Entschließung und des Mutes liegt, sich seiner ohne Leitung eines anderen zu bedienen. Sapere aude! Habe den Mut, dich deines eigenen Verstandes zu bedienen!" Das ist also der Wahlspruch der Aufklärung. Das Sapere aude ist übrigens, falls Sie gefragt werden, nicht von *Kant*, sondern nur ein Zitat des Römers Horaz."

Ich wies auf Anfrage noch darauf hin, daß diese Definition von *Immanuel Kant* aus einer Schrift mit dem Titel „Was ist Aufklärung?" stammt, weil es halt seine eigenen Zeitgenossen auch nicht so genau wußten. Von hier aus begann eine permanente Epoche der Aufklärung, bis hin zu unseren Spätaufklärern und Nachtaufklärern im Fernsehen, die sich meistens schon am Vorabend ausziehen. Wenn Ihr da Schwierigkeiten mit den Kindern habt, weil sie nicht ins Bett wollen, sagt ihnen freundlich: Kinder, die Tanten ziehen sich auch schon aus. Nun wird es Zeit, ins Bett zu gehen. Sagte ich in Fortsetzung der Elternversammlung.

Sie fanden es hochinteressant und wollten mehr wissen. Weil man so ein Thema aber doch nicht so ohne weiteres aus dem Ärmel schütteln kann, wollte ich mich heimlich für den nächsten Elternabend vorbereiten. Die Kurzfassung könnten sie dann kopieren.

Die eigentliche und wichtige Strömung der Aufklärung begann nicht in Deutschland, sondern nachweislich zunächst in Griechenland, als die Philosophen nicht mehr den Göttern und den Dichtern allein glauben wollten, sondern vielmehr die Geheimnisse der Erde, des Himmels und der Menschen ergründen wollten. Dies geschah auf dem kleinasiatischen Festland, in Attika und auf den Inseln.

Wie es dem Prometheus erging, der den Göttern gleich das Feuer gestohlen hat, wissen Sie sicher noch. Den wissensdurstigen Dieb haben sie zur Strafe gleich lebend an den Kaukasus geschmiedet und jeden Tag pickte ihm ein Adler in der Leber. „Armer Adler, jeden Tag Leber", kommentiert mitleidig eine der Hausfrauen, die für abwechslungsreichere Küche plädiert. „Sollten Sie einmal nach Sizilien kommen, dann fragen Sie nicht nur nach dem nächsten Ausbruch des Aetna und dem Einfluß der Mafia, sondern erzählen Sie ihren Reisegenossen in Agrigent und Taormina, in Selinunt oder Segesta, daß Sizilien, die einstige Graecia Magna oder Großgriechenland, das Mekka der Dichtung, der Philosophie und der Glückseligkeit war, wie wir aus dem VII. Brief *Platons* wissen, der mehrmals dort war. Man bedenke, daß in Sizilien ja auch das Drama „Die Perser" von Aeschylos uraufgeführt wurde; die traurige Geschichte des *Empedokles* am Aetna oder des Mathematikers und Feldherrn *Archimedes*, den die Soldaten beim Rechnen im Sand störten, kennen Sie ja bereits, so hoffe ich." Und das geflügelte Wort „Störe mir meine Kreise nicht", seine lockere Bitte um Vermeidung jeder Ruhestörung beim Arbeiten hoffentlich auch.

Auf Sizilien arbeiteten die Rhetoren Korax und Tisias, die sich gewissermaßen gegenseitig philosophisch aufs Kreuz legten. Da forderte beispielsweise in einer Trainingsstunde der Lehrer Korax den Schüler Tisias auf, er möge doch endlich das vereinbarte Schulgeld zahlen. Tisias erwies sich rasch als gelehriger Schüler des Meisters: er habe entweder die Kunst der Überredung bei Korax gelernt, in diesem Fall müsse er wohl seinen Lehrer leicht überzeugen können, daß er ihm nichts schulde. Könne er dies aber nicht, dann habe er eben nichts gelernt und folglich auch kein Schulgeld zu bezahlen. Diese Technik nennt man Sophistik, die Sätze Sophismen. In der Marktphilosophie, im Gerichtswesen und in der praktizierten Demokratie Griechenlands war die Absicht und die Arbeitsweise der Sophisten der Technik unserer heutigen Intellektuellen sehr verwandt.

Ein namhafter Schüler des Tisias war Gorgias von Leontinoi (485–438). Er hat nicht nur ein Handbuch der Beredsamkeit und eine Anzahl von Prunkreden geschrieben, er war auch ein Aufklärer von bemerkenswert tief sitzendem Pessimismus. So schrieb er ein Werk mit dem abgründigen Titel „Vom Nichtsein oder von der Natur". Dieser könnte doch glatt von *Heidegger* oder *Adorno* sein. Dort heißt es:

> *„Zum ersten existiert nichts. Zum zweiten, wenn etwas existierte, so könnte es der Mensch doch nicht wahrnehmen, zum dritten aber, wenn es wahrnehmbar wäre, so wäre es doch unmöglich, diese Kenntnis dem nächsten weiterzugeben und mitzuteilen."*

Mit solchen Thesen ist rasch das Ende der reinen Philosophie angesagt. Deshalb wandte sich Gorgias der Redekunst zu, die damals auch schon flächendeckend einträglicher war als das brotlose Nachdenken über die erkenntnistheoretischen Fallstricke. Jetzt klärte er in aller Öffentlichkeit als Stimme der political correctness über Korruption und Staatsgefährdungen auf. Sein Kollege Protagoras aber redete im Staat der Göttin Athene geradezu lebensgefährlich: „Was die Götter betrifft, so kann ich nichts sagen, weder ob sie sind noch ob sie nicht sind. Viel steht solchem Wissen entgegen, die Ungewißheit der Sache und die Kürze des menschlichen Lebens ..." Das war Skeptizismus in Reinkultur und Agnostizismus im Frühstadium, aber auch die strafbewehrte Leugnung der Götter. So redet man sich um Kopf und Kragen, wie wir auch von *Sokrates* und anderen Aufklärern wissen. ,

Der Typ Aufklärer war dann lange Zeit nicht mehr gefragt. Im 18. Jahrhundert waren es überraschenderweise die Engländer, die sich als Vordenker der Aufklärung einen Namen machten. Ihr Anführer war zweifellos *John Locke*, der die Weltsicht des *Descartes* in eine mehr empirisch-psychologische und vor allem verständliche Darstellung umwandelte. Die Franzosen waren auch nicht faul, allen voran Pierre Bayle und dann natürlich die Enzyklopädisten Diderot und d'Alembert, die um 1750 gemeinsam die berühmte „Encyclopedie ou dictionnaire raisonne des sciences, des arts et metiers" herausgaben. Es war das erste Wörterbuch des allgemeinen Wissens, ein Konversationslexikon, mit dem sie die einfachen Leute über Gott, die Welt und die Schlechtigkeit ihrer Zeit aufklären wollten.

Der Größte aber war *Voltaire*, der mit seinen Briefen aus England die Aufklärung auf den Kontinent holte. Er war nach eigenen Angaben der reinen Vernunft ergeben, aber auch kein Kostverächter. Er wetterte den Großen ins Gesicht, klärte Verbrechen auf und klagte als Anwalt der kleinen Leute die Mächtigen an. Das „j'accuse" gehört seit *Voltaire* und *Zola* zu den Grundwahrheiten und Geboten der französischen Philosophie. *Voltaire*s Geist der Aufklärung, der auch die Revolution mit beschleunigte, schwebt als reine Vernunft noch heute über der Grande nation. Er war ein Staranwalt seiner Zeit, der auch ungeniert Stargagen vereinnahmte, er war Kritiker und Kläger, stets hart in der Nähe des Volkslieblings oder Staatsfeinds Nr. 1. *Voltaire* war der aufsässige Patriot, der aber als Lebemann kein Märtyrer werden wollte. Er war ein Intellektueller, ein Philosoph mit beschränkter Haftung. Daß ihn aber die Preußen damals nach dem Krach mit Friedrich dem

Großen unter Verletzung der Souveränitätsrechte der Freien Reichsstadt Frankfurt vorläufig festgenommen und seine Koffer durchsucht haben, um einen Haftgrund zu finden, haben uns die Franzosen nie verziehen.

Voltaires bekanntester Nachfolger in dieser Rolle des aufklärenden Intellektuellen war im 20. Jahrhundert *Jean Paul Sartre*, die Symbolfigur des französischen Existentialismus in Cafes und Apachenkellern, der hartnäckige Verteidiger des Kommunismus, der ungemein populäre Dichter von Theaterstücken, die auf allen Bühnen Europas gespielt wurden. *Sartre* ging stets ein hohes Risiko ein, aber die Sonne *Voltaires* schien über ihm. Als er als Prophet der französischen Linken die Foltermethoden der französischen Truppen in Algerien und die Franzosen wegen ihrer Ahnungslosigkeit attackierte, kommentierte Staatspräsident de Gaulle, der die Geschichte von der Verhaftung *Voltaires* in Frankfurt kannte, *Sartres* Kritik mit den Worten: „Einen *Sartre* verhaftet man nicht". Das war der Triumph der Philosophie über die Bürokratie, das ging über *Voltaire*, *Zola* und die Dreifuß-Affäre hinaus. *Bertrand Russell* profitierte als Eintreiber der Staatsmoral noch lange vom französischen Geist der Aufklärung, der Menschenrechte und der Humanität. Und mit ihm wir alle.

„Sind Sie sicher?", fragte mich ein unscheinbarer Mann in der ersten Bank.

„Ja, ich bin eigentlich sicher, daß es den freien Geist geben muß, der Gesinnung verkündet, aber keine Verantwortung tragen will. Wir brauchen immer wieder einen Luftzug im Land, damit es nicht stickig wird und die Verlage zu tun haben. Aber Sie können natürlich die Ansicht vertreten, daß *Sartre* sich über den Kommunismus viel zu lange getäuscht hat und auch andere in die Irre geführt hat. Sie können es auch getrost laut sagen, daß Sie seinen demonstrativen Besuch bei dem deutschen Terroristen Andreas Bader im Gefängnis von Stammheim zwar für kein Verbrechen, aber für eine Dummheit halten. Ihr Widerspruch müßte eigentlich Interesse finden und Sie selbst interessant machen, weil sie wahrscheinlich in Sachen *Sartre* noch als Querdenker gegen die alte Szene gelten, zu der ja auch die Rolling Stones und Mick Jagger gehörten. Versuchen Sie es doch einmal vorsichtig. In Deutschland gab es damals ja auch viel klammheimliche Freude, die noch nicht überall vergangen ist."

Ob man die Frankfurter Schule als Aufklärung bezeichnen könne, fragte der Unscheinbare nach. Ich zuckte sokratisch mit den Schultern und vertröstete ihn auf das nächste Semester. Am besten, gar nicht ignorieren, hatte unser Unteroffizier in solchen Fällen gesagt.

Fernaufklärer, Nachtaufklärer

Weil wir mit *Voltaire* und *Sartre* bei den Intellektuellen angekommen sind, muß man wohl über sie sprechen, obwohl kein Mensch ganz genau definieren kann, was sie eigentlich sind. Ich gebe Ihnen die Definition des spanischen Philosophen *Ortega y Gasset* mit auf den Weg:

„Wir wollen die Dinge nicht durcheinanderbringen. Hier ist die Rede von dem Intellektuellen, der mit verzweifelter Echtheit Intellektueller ist, unwiderruflich, durch unergründlichen und unerbittlichen Beschluß Gottes. Wie es den Caesaren an Caesarentum gebrach, so ist die Welt voll von Intellektuellen ohne Intelligenz, oder sie haben nur eine unbestimmte Dosis Intelligenz aufzuweisen. Andererseits darf man nicht annehmen, daß der Intellektuelle zwangsläufig sehr intelligent sei. Auch hier muß vor Irrtümern gewarnt werden. Intellektuell ist die Bezeichnung einer Berufung ...Vor langer Zeit kam mir plötzlich zum Bewußtsein, der Intellektuelle, der zwei Jahrhunderte hindurch die vorherrschende Gestalt in der Gesellschaftsordnung des Abendlandes gewesen war, könnte sehr bald aus dem Blickfeld der öffentlichen Wertschätzung geschleudert werden und mit extremer Folgerichtigkeit, die der Lauf der Geschichte ist, ohne Übergang von seinem höchsten Gipfel in das Nichts hinabstürzen. Niemand ahnte damals dergleichen; denn zu jener Stunde und auch noch Jahre später schien der Intellektuelle sich seiner unangetasteten Vormachtstellung zu erfreuen. Daher bin ich nicht wenig stolz auf diese frühzeitige Vorausschau der Zukunft ..."

Naja, so korrekt war diese Vorschau nun wiederum auch nicht. Die Diktatoren haben die Intellektuellen gehaßt, in der Sowjetunion, in Spanien oder in Deutschland. Der kleine, selbst intellektuelle Propagandaminister Joseph Goebbels hat die Intellektuellen wie Tucholsky, v. Ossietzky und viele andere, beschimpft und gehaßt, aus dem Verkehr gezogen oder aus dem Land gejagt. Die Kommunisten in der Sowjetunion und ihren Satellitenstaaten haben ihre Aufsässigen liquidiert, eingesperrt, mundtot gemacht. Sacharow und Solschenizyn, Havemann und Biermann sind Namen, die für diese Szenerie stehen. So gesehen, sind die Intellektuellen im Sinne Ortegas aus der öffentlichen Wertschätzung geschleudert worden, ins Nichts gestürzt worden. Aber es war nur für eine Zeit lang. Sie sind wieder aufgetaucht aus der Flut. Es ist wohl auch Lauf der Geschichte, daß sie sich wieder des Lebens und ihrer Vormachtstellung erfreuen, als Mahner und Warner oder als Schimpfwörter und Klischees. „Die Macht der Intellektuellen liegt in ihrer Wirkung auf die öffentliche Meinung", wußte *Bertrand Russell*, der die Fernschreiber und Rotationsmaschinen, die Mikrophone und Kameras den antiken und französischen Aufklärern schon voraushatte. In Verlagen, Redaktionen und Funkhäusern erfreuen sie sich höchster Sympathien.

„Aber Sie wissen hoffentlich, daß manche dieser sogenannten Intellektuellen vor 1933 die Weimarer Republik durch Spott und Hohn mit umgebracht haben. Das hat kein Geringerer als Golo Mann beschrieben", sagt der Kenner der Fernaufklärer und Nachtaufklärer. Ich muß ihm rechtgeben, weil die Aufklärung eben ein weites Feld ist, schon immer gewesen ist. Lesen Sie doch einmal diesen Text von Johann Wolfgang von Goethe:

„Doch haben freilich von jeher die Philosophen besonders Haß, nicht allein ihrer Wissenschaftsverwandten, sondern auch der Welt- und Lebensmenschen auf sich gezogen, und vielleicht mehr durch ihre Lage als durch ihre eigene Schuld. Denn da die Philosophie ihrer Natur nach an das Allgemeinste, an das Höchste Anforderungen macht, so muß sie die weltlichen Dinge als in ihr begriffen, als ihr untergeordnet ansehen und behandeln ... Wollte man aber dagegen die Philosophen beschuldigen, daß sie selbst den Übergang zum Leben nicht sicher zu finden wissen, daß sie gerade da, wo sie ihre Überzeugung in Tat und Wirkung verwandeln wollen, die meisten Fehlgriffe tun und dadurch ihren Kredit vor der Welt selbst schmälern, so würde es hiezu an mancherlei Beispielen nicht fehlen ...“

Ich finde, wir sind hier am Wendekreis des deutschen Denkens und Lebens, auch am Kern der Aufklärung angekommen. Gesinnung und Verantwortung paßt angeblich bei uns nicht zusammen, Geist und Macht gelten als unvereinbar. Seien Sie sehr vorsichtig, wenn Sie in unbekannter Umgebung darüber gefragt werden! Treten Sie nicht zu rasch in herumstehende Fettnäpfe, warne ich. Man kann auch durch voreilige Sympathie oder Antipathie, durch die Wahl einer Wochenzeitschrift oder eines bestimmten Magazins schon in Schwulitäten kommen. Prüfe hier, prüfe da: das kennen Sie bestimmt aus der Werbung. Aber wenn die Fronten klar sind, packen Sie's an! Walser geht wieder und Botho Strauß schadet auch nicht. Es gibt viel zu tun, sagt Ihnen heutzutage jeder Tiger im Tank, solange er noch frei herumläuft.

Frauen-Special

Auffallend bei allen Erörterungen über den Nutzen der Philosophie ist, daß Männer viel häufiger als Frauen genannt und als Vorbilder gewählt werden. Dabei gibt es so hervorragende weibliche Philosophinnen, die nicht nur Philosophie für Frauen, sondern auch für Männer entwickelt haben.

Im alten Griechenland, wo die Philosophie ein Zuhause hatte, war nicht etwa ein Mann, sondern eine Frau die Domina der Weisheit. Es war die Göttin *Athene*, die in der Hierarchie des Götterhimmels das Sagen hatte. Sie konnte sogar den robusten Hephaistos, den Gott der Schmiede, aus dem Olymp hinauswerfen lassen. Sie war Stadtpatronin von Athen und trotz dieser föderalistischen Einschränkung die erste Bildungspolitikerin aller Hellenen. Ihr Symbol war die Eule, sie selbst galt als eulenäugig und schuf ein Schönheitsideal wie später Sophia Loren, Rachel Welsh oder Cindy Crawford, wenngleich hier auch tiefer sitzende Merkmale von Bedeutung waren.

Da die Eule heutzutage männlich nur noch als komischer Kauz und weiblich als Nachteule vorkommt, erkennen wir bereits den Niedergang der Weisheit. *Athene* hat übrigens den Hephaistos später wieder im Himmel aufgenommen und mit zwanzig neuen Blasebälgen in der Schmiede ausgerüstet. Sie hat auch den gefährdeten Odysseus auf Reisen immer wieder auf den rechten Weg gebracht, beispielsweise als er bei der schönen Nymphe Kirke war. Diese konnte aus Männern Schweine machen, was freilich auch heutzutage noch und ohne göttlichen Beistand möglich ist. Man könnte *Athene*, die mit dem schützenden Medusenhaupt am Leib eigentlich die Vorstufe der späteren Ordenskultur schuf, als Schutzpatronin der Demokratie, als Heilige der Emanzipation, aber auch als Betreuerin beider Geschlechter verehren. Man kann sich auch nur still über den Geist der Griechen wundern.

Ein berühmter, in der alten Schickeria von Troja freilich verachteter Typ war *Kassandra*, die Seherin und Prophetin des Unheils, womit sie auch recht hatte und leider auch Recht bekam. Über sie ist in der Geschichte viel geschrieben worden, aber es hat alles auch nicht viel geholfen, weil die Warner Brothers so wenig geachtet sind wie die Warner Sisters. Werden sehen müssen, ob das tiefgründige Kassandra-Buch von Christa Wolff mehr nützt.

Keine Xanthippe für Sokrates

Die vielen griechischen Frauengestalten in der Dichtung, die zum Teil interessante und vorbildliche, aber auch schlimme Weiber waren, muß man nicht unbedingt hier anführen.

Nahezu göttlich war die Sappho, göttlich inspirierte Dichterin und Philosophin. Schlimm war Klytämestra, die ihren eigenen Gatten wie einen Stier an der Krippe mit dem Beil erschlug. Dynamisch war Elektra, nach der man die Elektrizität benannt hat. Gefährlich bis männermordend, aber auch anregend war Kalypso, von der wir noch den belebenden Tanz kennen. Hedonistisch in der Philosophie und daher meist sehr attraktiv waren alle Nymphen und Sirenen des Homer auf den Inseln des Mittelmeeres. Als feministisch-pazifistische Urmutter der Verweigerungsstrategie hat sich Lysistrata, die mit kollektivem Liebesentzug Politik machte, Freundschaft bis in unsere Tage erwirkt, aber mit diesem biologischen Druck auf die Männer ging auch Griechenlands große Zeit zu Ende. Wegen Helena ist der Trojanische Krieg ausgebrochen. Gut war Penelope, die von den Playboys bedrängt wurde, aber sich nicht verführen ließ. Dann die edle Antigone und letzten Ende auch die viel zu schlecht herausgekommene Xanthippe, die dem leicht verwahrlosten *Sokrates* still den Haushalt führte und das Essen noch in das Staatsgefängnis brachte, womit sie auch zweifellos ihre Verdienste um die Philosophie hatte, ungefähr so viel wie Cosima Wagner für Richard und Bayreuth oder Simone de Beauvoir für *Sartre*, dem sie in kreativ altruistischer Verwerflichkeit auch noch die Freundinnen zuführte. Überraschenderweise war bereits *Friedrich Nietzsche* die eigentliche Rolle der Xanthippe aufgefallen. Er widmete ihr Punkt 433 in „Menschliches, Allzumenschliches", Erster Band:

> *„Sokrates fand eine Frau, wie er sie brauchte – aber auch er hätte sie nicht gesucht, falls er sie gut genug gekannt hätte: so weit wäre auch der Heroismus dieses freien Geistes nicht gegangen. Tatsächlich trieb ihn Xanthippe in seinen eigentümlichen Beruf immer mehr hinein, indem sie ihm Haus und Heim unhäuslich*

und unheimlich machte: sie lehrte ihn, auf den Gassen und überall dort zu leben, wo man schwätzen und müßig sein konnte und bildete ihn damit zum größten athenischen Gassen-Dialektiker aus: der sich zuletzt selbst mit einer zudringlichen Bremse vergleichen mußte, welche dem schönen Pferd Athen von einem Gotte auf den Nacken gesetzt sei, um es nicht zur Ruhe kommen zu lassen."

Ob *Nietzsche*, wenn er schon nicht heiraten wollte, weil er nach eigenen Angaben wie ein wahrsagender Vogel des Altertums lieber allein fliegen wollte, wenigstens mit einer ordentlichen Zuhgehfrau oder altruistisch veranlagten Haushälterin einen anderen Weg genommen hätte als den, den er genommen hat? Hier besteht noch Erklärungsbedarf, mehr über *Nietzsche* als über das Weib des *Sokrates*, der letztendlich ja doch ein verheirateter Junggeselle war. Am Ende war er in diesem Punkt tatsächlich praktizierender Prophet der Beziehungsphilosophie, die jetzt erst der Schweizer Ökonom Mathias Binswanger wissenschaftlich erkannt hat, indem er das „ökonomische Verlustgeschäft Ehe" auf Kosten- und Nutzenrechnung hin untersuchte. Daran wird weiterhin hart gearbeitet.

Sokrates, 470 – 399 v. Chr.

Kurtisanen und die reine Lehre

Namenlos sind zwei Frauen in der Weltgeschichte geblieben, die aber unbestritten und namhaft viel für die Entwicklung der Philosophie geleistet haben. Die eine war jene Magd, die als Augenzeugin den Philosophen *Thales von Milet* in den Brunnen fallen sah, weil er nach den Sternen geschaut hatte. Er dem Himmel und dem Übersinnlichen zugetan, sie mehr körperbetont und sinnlich erdhaft. Ein klassisches Beispiel von Dialektik. Die andere hatte sogar einen Namen, sie hieß Leontion, aber ihr Name blieb in der

Geschichte der Philosophie nahezu unbekannt, weil er vom Namen des Meisters *Epikur* total überlagert war. Und das kam so: Zur philosophischen Schule des *Epikur* gehörten auch sieben Frauen. Von diesen war nur eine verheiratet, die anderen waren Kurtisanen, die aber ihren Beruf aufgegeben und sich der reinen Philosophie zugewandt hatten. *Epikur* selbst soll die schöne Leontion wahrscheinlich zunächst als Vorzugsschülerin oder Meisterschülerin gefördert und dann als Geliebte gehabt haben, die es freilich mit allen Epikuräern in den Gärten von Athen trieb, mit dem Meister aber sogar vor aller Augen in Athen, was natürlich zu Recht Stoff für Kulturkritiker und Lästermäuler gab.

Die Vorzugsschülerin und der Chef: das gab es immer wieder, das passierte in der Verworfenheit des Seins oder in der vertrauten Heimlichkeit der Gedanken und Erschöpfung der Theorie, wie es später ja auch einmal bei *Hannah Arendt* und *Martin Heidegger* geschah.

Ob dies der Sinn oder der Nutzen der Philosophie ist? Man weiß es nicht.

1998 ist endlich der Briefwechsel zwischen *Martin Heidegger* und *Hannah Arendt* veröffentlicht worden. Es steht nichts außergewöhnlich Spannendes darin. Den schönsten Satz, der je zwischen *Heidegger* und der *Arendt* gefallen ist, sollte man freudig weitersagen:

> *„Es ist der Fluch und Segen der Philosophen, alt zu werden, ohne zu altern."*

Die Bibel ist eine wahre Fundgrube, eine Schatztruhe interessanter Frauenschicksale. Rachel, Ruth, die sinnliche Frau des Potiphar, die Sünderin Magdalena, Susanne im Bade und die alten Knacker, die sparsame Witwe von Sarepta: Die Theologen haben das häufig ganz vergessen, aber Bert Brecht, der Marxist und Dichter, wußte noch, was er an den biblischen Geschichten hatte. Man kann sie einfach nicht besser erzählen, bekannte er. Vielleicht hat er dabei sogar an unsere Religionslehrer gedacht.

So könnte man noch viele Frauen als Beispiel, Vorbild oder Identifikationsmodell benennen, hauptberufliche und nebenberufliche Philosophinnen ihrer Zeit. Man kann damit viel Aufmerksamkeit und Sympathie gewinnen. Uns soll hier keiner kommen und behaupten, wir hätten da etwas übersehen. Ganz im Gegenteil: Die ganze Wahrheit ist unser Ziel.

Madame Recamier und *Madame de Staël* aus Frankreich sollte man nicht vergessen, obwohl sie mit den Deutschen nicht so recht konnten. *Liselotte von der Pfalz* war zwar keine professionelle Philosophin, aber ein Superweib, das sich als Deutsche am versnobten französischen Königshof behaupten mußte

„Sie müssen überhaupt nicht ständig an all die aufgepeppten Hochglanzdamen von Marbella und Monaco denken", sage ich eines Abends in einem Anflug von parfümiert herandrängender Weiblichkeit; „Genieren Sie sich auch nicht vor der Ordenstracht, hinter der sich so erstaunliche Geister verborgen haben." Ja wer denn wohl?, fragen stumm ein paar Augen aus dem Publikum. Aber da muß ich wohl nicht unbedingt angeben, sondern aufschlagen. Die Angabe ist eine Aufgabe. Frauen im Mittelalter kamen auch schon mächtig, das wäre das Thema.

Melissengeist und noch viel mehr

Hildegard von Bingen, 1098 als zehntes und letztes Kind einer adeligen Familie in Bermersheim geboren, mit sechzehn Jahren Nonne bei den Benediktinerinnen, 1136 Äbtissin von Disibodenberg. Die meisten Leute kannten sie wohl als Klosterfrau Melissengeist aus der Werbung, manche hatten sie vielleicht schon einmal in einem Heilkräuterbuch oder Diätplan einer aufgeschlossenen Illustrierten wahrgenommen. Und jetzt auf einmal nennt man sie die „Rheinische Sibylle", preist ihre Bildung, obwohl ein Klosterbruder zunächst ihre Grammatik korrigieren mußte, bewundert ihre philosophische Kraft und noch mehr ihre Liebe, die sie den Ungebildeten und Kranken zuwandte. Im Jubiläumsjahr 1998 haben Heilpraktiker, Esoteriker, grüne Fundamentalisten und sogar die heidnischen Zeitschriften und Funkhäuser *Hildegard von Bingen* entdeckt, die sich selbst die „Posaune Gottes" nannte. An ihr führte kein Weg vorbei. Natürlich haben, wie es deutsche Sitte geworden ist, auch Gastronomie, Tourismus und Werbung nach ihr gegriffen. Im Rheingau hat man im Hinblick auf das wiedergeborene Mittelalter und die Meisterköchin Hirschgulasch mit Dinkelknödel entwickelt, Mönche brauen in Erinnerung an Hildegards Vorzugsgetreide geschichtsbewußtes Dinkelbier, die Winzer haben das „Hildegardisbrünnchen" entdeckt und Kurdirektoren die Hildegardis-Kur vermarktet.

„Alles gut und schön", sage ich, „der Jubiläumseifer in allen Ehren, aber er wird rasch verfliegen." Ihre Bücher müßte man lesen, ihre Visionen durchdenken und ihr kritisches Bewußtsein bewundern, das sie ungeniert auch Päpsten und Kaisern erwiesen hat. Das war etwas ganz anderes, als wenn heutzutage Frau Luise Rinser oder Frau Ranke-Heinemann kapitalträchtiges Unbehagen an der Kirche äußern. Das war damals hohes Risiko. Dem Barbarossa hat sie richtig gedroht, dem Papst in Rom Ratschläge erteilt. Die Herrschaften waren sich lange Zeit nicht sicher, ob man ihr kühnes Denken, ihre Briefe und Disputationes überhaupt veröffentlichen könne.

„Ist es nicht verwunderlich, daß man diese großartige Frau, die sogar noch komponiert hat, nicht heiliggesprochen hat?, frage ich mich und die anderen. Sie hatte keine Lobby in Rom, die Nonnen vom Rupertsberg wollten keine Wunder nachweisen, und irgendwie versandete der Prozeß. Die Heiligsprechung fand nicht statt. Aber das Volk hatte sie längst heiliggesprochen. Das ist, was zählt und bleibt. Sie hat auch den Frauen, die heute nach Selbstverwirklichung streben, und den Männern, die nicht recht wissen, was sie damit anfangen sollen, einen Satz ins Stammbuch geschrieben, den man nicht vergessen sollte:

„Die Frau ist ein Quell der Weisheit und ein Bronn der vollen
Freude, ein köstlicher Anteil, den nunmehr wiederum der Mann
mit seinem mehr schöpferischen Vermögen vollendet ..."

Katharina von Siena aus der Toscana wurde offiziell Kirchenlehrerin, die Hauptpatronin Italiens, die „größte Frau des Christentums", wie die Italiener sagen. Dann *Theresia von Lisieux*, die Heilige der Rosen und der Dornen, Kirchenlehrerin und Heilige.

Wenn Sie an nichts glauben, dann glauben Sie wenigstens an den Glauben der großen französischen Sängerin *Edith Piaf* – „je ne regerette rien" und so weiter – , die nahezu blind zum Grab der Theresia pilgerte und mit einem Male wieder sehen konnte. Die Piaf glaubte nach dem Zeugnis ihrer Schwester ein Leben lang an dieses Wunder. Und dann wäre noch *Theresia von Avila*, auch als Kirchenlehrerin offiziell geehrt und heiliggesprochen. Wer mit ihrer Mystik nicht allzuviel anzufangen weiß, sollte sich wenigstens den klugen Satz der Spanierin aufschreiben, den man bei Gewichtsproblemen und erhöhtem Cholesterin oder auch bei üppigen Diners sich vorsagen sollte:

„Wenn Fasten, dann Fasten, wenn Rebhuhn, dann Rebhuhn."

Das ist Situationsethik in pragmatischer Ausführung und überhaupt eine Philosophie, wie man sie dem stillen, schmächtigen Persönchen nicht zugetraut hätte. Aber es sind eben nicht immer die Frechen und Lauten, die die Welt voranbringen, sage ich. „Wenn Sie sich ihren Namen und ihre Zeit nicht merken können, dann denken Sie an die merkwürdigen Umstände ihrer Beerdigung. Sie starb am 4. Oktober 1582 und wurde am 15. Oktober beerdigt. Warum wohl diese ungewöhnliche Frist? Nun, am 5. Oktober 1582 trat ausgerechnet der Gregorianische Kalender in Kraft, der das laufende Jahr um zehn Tage verkürzte. So folgte auf den 4. Oktober unmittelbar der 15. Oktober und so wurde Theresia auch nicht erst nach zehn Tagen begraben."

Wahnsinnig interessant, klang es verhalten. Und weil die Leute offensichtlich die Scheu vor den Ordenstrachten abzulegen beginnen, erwähne ich noch eine Ordensfrau aus unseren Zeiten, die leider noch nicht in das große Bewußtsein gedrungen ist. Eine der großen Hoffnungen war die professionelle Philosophiestudentin und Breslauer Husserl-Schülerin *Edith Stein*, die später in den Karmeliterorden eintrat. Sie wurde als konvertierte Jüdin ins KZ abtransportiert, ohne Prozeß und Urteil in Auschwitz ausgelöscht. Eine leise Tragödie. Am 11. Oktober 1998 wurde sie heiliggesprochen.

Nahezu vergessen sind im republikanischen Eifer viele Königinnen, beispielsweise die Königin *Christina von Schweden*, die mit Mut und Klugheit maßgeblich den Westfälischen Frieden von 1648 erwirkt hat. Oder die großartige Königin *Luise von Preußen*, die 1807 dem siegreichen Napoleon in Tilsit gegenübertrat, weil kein preußischer Marschall, Staatsrat oder Diplomat zur Verfügung stehen wollte. Sie konnte den Korsen zwar nicht von seiner Vernichtungsstrategie gegen Preußen abbringen, aber sie hätte es beinahe geschafft. „Noch eine Viertelstunde, und ich wäre Ihrem Charme erlegen, Madame", sagte nach dem Gespräch der Bändiger Europas, den *Hegel* schon als den Weltgeist über die Erde reiten sah. Die Königin hätte den Philosophen über die politische Wirklichkeit aufklären können. Mit dem Untergang Preußens hat man auch die preußische Königin in die Vergessenheit abgeschoben, aber es ist ein Trost in diesen Dingen, daß sie irgendwann wiederkehren.

„Männer brauchen Frauen um sich, sonst verfallen sie unaufhaltsam der Barbarei", hat sich der amerikanische Filmschauspieler Orson Welles sehr global anerkennend geäußert.

Viel differenzierter sah dies bereits der Historiker und Psychologe *Plutarch*, der nicht große politische Geschichte, sondern Heldenleben und Biographien für die Nutzanwendung im Leben der Nachgeborenen schreiben wollte. In dieser Absicht hatte er bereits einen ausgereiften Blick für die Gespielinnen seiner Helden. So beschrieb er in differenzierender Absicht den Unterschied zwischen einer Akademikerin und einer normalen Frau am Beispiel der Cornelia, der Frau des mächtigen Feldherrn und Consuls Pompejus.

> *„Die junge Frau besaß außer ihrer jugendlichen Schönheit noch viele andere Reize; sie war in den schönen Wissenschaften, in Musik und Mathematik wohl unterrichtet und gewöhnt, philosophische Schriften mit Verständnis zu lesen. Dabei war ihr Wesen frei von der Unausstehlichkeit und Überspanntheit, die sich durch die Beschäftigung mit solchen Wissenschaften leicht bei jungen Frauen einstellt ...“*

War das ein Typ? Natürlich war das ein auffallender, sehr attraktiver Typ im Alten Rom. Dem Herrn *Plutarch* aber wäre heutzutage eine schwere feministische Rüge wegen Mißachtung der Gleichberechtigung oder der political correctness sicher. Je nach Parteizugehörigkeit wäre ein Mißtrauensantrag, wenn nicht gleich ein Parteiausschlußverfahren unvermeidlich. Aber sein Blick für das Wesentliche war doch beachtlich.

Femina heißt auf Deutsch die Frau, im altrömischen und Schillerschen Sinn von der Glocke die züchtige Frau im Hause. Den Feminismus als Wille, Vorstellung und Wirtschaftszweig gab es damals noch nicht. Deshalb müssen wir in diesem Kapitel auch noch nicht über feministische Philosophie von *Françoise Sagan* bis *Alice Schwarzer* und *Elfriede Jellinek* berichten. In der jüngsten Entwicklung gehören aber blutjunge Fernsehsternchen bereits phänomenal in den Bereich der hedonistischen und gut bezahlten, pansexuellen Nachtaufklärung. In ihren lebensphilosophischen Schmuddeltalkshows weichen sie mit starker Aufmachung und wetterfestem Lächeln meist nur um einen Buchstaben vom cartesianischen Prinzip ab.

„Cogito ergo sum“, hieß der erkennnistheoretische Ansatz des *Descartes*.

„Coito ergo sum“, heißt heute das sexualistische Prinzip der Postmoderne. Vielleicht ist es die Wiederkehr jener „Schule der Läufigkeit", von der Alfred Kerr im wilden Berlin geschrieben hat. Übersetzen muß den Satz jeder buchstabengetreu selber. Nachdenken ist Hausaufgabe.

Die Leute grinsen, aber sie haben verstanden. Und sie nehmen sogar noch unter der Haustür die Bemerkung mit nach Hause, daß ich Frau Noelle-Neumann aus Allensbach am Bodensee zwar für eine primär empirische Soziologin und Meinungsforscherin, aber auch für eine erstrangige Verhaltensforscherin und alles in allem eben Philosophin halte. Nicht zu Unrecht nennt man sie die Pythia von Allensbach, weil sie meistens die richtigen Wahlergebnisse schon vorher weiß. Fazit: die einen gehen, die anderen kommen ins Licht oder drängen zur Geburt – und mit letzter Sicherheit kommt keiner hinter die Geheimnisse des Weiblichen.

„Das Weibliche im Menschen", hieß der letzte Aufsatz Richard Wagners. Im Palazzo Vendramin in Venedig schrieb er an seinem Todestag, dem 13. Februar 1883, die letzten Sätze:

„Gleichwohl geht der Prozeß der Emanzipation des Weibes nur unter ekstatischen Zuckungen vor sich. Liebe – Tragik ..."

Winter in Venedig. Ein dunkles Vermächtnis. Was der Meister da wohl im Auge oder Gefühl hatte? Die Zuckungen gingen weiter und mit ihnen die Emanzipation. Da hatte er wohl recht.

Die tapfere Héloise

Eine große Geschichte Europas darf nicht untergehen. Man kann sie als die Geschichte des *Peter Abaelard* erzählen, der als Meister der Logik und Disputationskunst das mittelalterliche Paris unheimlich beflügelte, der als Professor auf dem Berg der Genoveva ein Star war und eigentlich das legendäre und lebensfrohe Quartier Latin begründete. Was ihm mit dem brutalen Verlust seiner Männlichkeit widerfuhr, war eine philosophische Schande und eine menschliche Tragödie. Zu leicht vergißt man aber darüber die Tragödie und die Geschichte der *Héloise*. Zuerst sprach ich selbst ihren Namen noch Helois aus, also so ähnlich wie die Bayern den Alois mit der Betonung auf der ersten Silbe, bis mich eine Kellnerin, die wohl nicht zufällig so hieß, korrigierte. Eloas, mit langem „a" und weichem „s" am Schluß. Das mußte einem auf der Zunge zergehen, meinte sie. Ich wurde zuerst rot, aber dann habe ich es begriffen und *Héloise* nie mehr vergessen.

Héloise, 1101 – 1164

Abaelard war ein Philosoph, gescheit, schön und verführerisch. *Héloise* aber war eine Philosophin, schön, gescheit und verführerisch. Da sie zur gleichen Zeit in Paris lebten , mußte es eigentlich kommen, wie es kam. Sie wurden ein Liebespaar. Sie wurden sogar das berühmteste Liebespaar Frankreichs und vielleicht sogar Europas, neben Romeo und Julia oder Tristan und Isolde. Ein tragisches Liebespaar, weil es eben die verbotene Liebe war.

Ein wenig Schuld daran hatte gewiß Onkel Fulbert, der ein mächtiger Kanoniker war. Er ließ den umschwärmten Philosophen in sein Haus einziehen, obwohl der Heilige Hieronymus schon im 5. Jahrhundert vor ähnlichen Konstellationen gewarnt hatte. Er bedachte nicht, daß die 18-jährige Nichte *Héloise*, die sich bisher nur um die Philosophie kümmerte, sich unter gegebenen Umständen auch für einen Philosophen interessieren könnte. Die Himmelsmacht überwältigte sie. Sie schworen sich reine, ewige Liebe. *Abaelard* zeichnete in wenigen Sätzen diese Zeit der Wonnen und Heimlichkeiten auf, die uns die französische Historikerin Regine Pernoud – wenn Sie den Namen mitschreiben wollen, dann Pernoud, nicht Pernod – in einem gescheiten Buch so wunderbar nahe gebracht hat. *Abaelard* schrieb:

„Unter dem Deckmantel der Wissenschaft gaben wir uns ganz der Liebe hin; die Unterrichtsstunden verschafften uns die Gelegenheit zu den geheimnisreichen Gesprächen, wie sie Liebende

herbeisehnen; die Bücher waren geöffnet, aber in den Unterricht mischten sich mehr Worte der Liebe als der Philosophie, mehr Küsse als weise Sprüche; nur allzu oft verirrte sich die Hand von den Büchern weg zu ihrem Busen, und eifriger als in den Schriften lasen wir eins in des anderen Auge ..."

Es war keine heftige Affäre, sondern die heftige Liebe. „Je mehr mich die Leidenschaft der Sinnenfreuden überschwemmte, desto weniger dachte ich an Studium und Schule. Es war für mich ein gewaltiger Verdruß, dorthin zu gehen oder dort zu bleiben. Zugleich war es ein aufreibendes Leben: meine Nächte gehörten der Liebe, die Tage der Arbeit ..." Die Logik wurde durch eine neue Macht entmachtet, das Weibliche veränderte die Philosophie, der Professor ließ nach. *Abaelard* bemerkte, daß seine Schüler etwas ahnten. Sie tuschelten hinter seinem Rücken, die Kollegen spürten den Skandal und richteten die Kanonen. Aber der Allerletzte, der etwas bemerkte, war Onkel Fulbert. Als er schließlich dahinterkam, tobte er und warf das Liebespaar, das auch zu allem Unheil noch ein Kind erwartete, kurzerhand aus dem Hause.

Abaelard, 1079 – 1142

„Und wie ging die Geschichte weiter?", fragen die Leute.

Nun, *Héloise* gebar ihr Kind, einen Junge, der übrigens Astrolabius hieß, falls Sie einmal danach gefragt werden. *Abaelard* bot zur Bereinigung der Affäre vor der Öffentlichkeit die Heirat mit *Héloise* an, obwohl er dies nach Recht und Gesetz angeblich gar nicht konnte. Aber er konnte wohl, weil damals ein Kleriker kein Priester mit Zölibatsverpflichtung war. Er konnte höchstens seine Privilegien als Kleriker oder seine Pfründe als Kanoniker verlieren. In diesem Stadium der Verlegenheiten zeigte sich dann die ganze Größe der *Héloise*. Ihre Furcht vor dem Leben eines verheirateten Junggesellen und die Sorge um den Philosophen ist noch heute von philosophischem Altruismus und eindringlicher Beweiskraft, die nicht nur die Bewunderung männlicher Philosophen verdient. Sie schrieb an *Abaelard*:

> *„Denkt nur an die Lage, in die Euch eine rechtmäßige Verbindung brächte. Was für ein Durcheinander! Schüler und Kammerzofen, Schreibtisch und Kinderwagen! Bücher und Hefte beim Spinnrocken, Schreibrohr und Griffel bei den Spindeln! Welcher Mann kann sich mit der Betrachtung der Schrift oder mit dem Studium der Philosophie abgeben und dabei das Geschrei der kleinen Kinder, den Singsang der Amme, der sie beruhigen soll, die geräuschvolle Schar männlicher und weiblicher Dienstboten hören. Wer mag die Unreinlichkeit kleiner Kinder ertragen?"*

Mein Gott, wäre da heute jeder Studienrat oder Kommunalbeamter froh, wenn ihm eine Gattin zu Hause derartig entsagungsvollen Zuspruch zuteil werden ließe, kommentiere ich kurz, aber die Leute wollen unbedingt wissen, wie denn die Geschichte weiterging.

Héloïse lehnte die Heirat ab, aber dann heirateten sie doch, heimlich. Ihre Wege trennten sich wieder. Sie schrieben sich Briefe, die zur großen Liebespoesie Europas gehören. Onkel Fulbert war Zeuge der Eheschließung, aber er war untröstlich und blieb unversöhnlich. Und so geschah jener nächtliche Überfall auf den Professor, der ihm die Zeichen der Männlichkeit kostete. Alle Männer dieser Welt denken mit Schaudern an jenen Akt der Barbarei, falls sie jemals an *Abaelard* und die große Liebesgeschichte denken.

Beide gingen in ein Kloster. Der streitbare Professor, der nach der Katastrophe wieder philosophierte, bekam sofort wieder das Interesse und den Haß der zeitgenössischen Kollegen zu verspüren. Er ist auch heute in der Geschichte der Philosophie nicht vergessen. Auf die stummen Schreie der *Héloïse* und ihre verzichtende Liebe aber, die den *Abaelard* eigentlich erst zum Mann gemacht hat, wollte ich doch aufmerksam gemacht haben.

Es wundert mich nicht, wenn einzelne Damen plötzlich zu den Taschentüchern greifen, weil sie von der Philosophie der Liebe ergriffen sind.

Natürlich fragen sie hinterher, ob man denn wohl die Liebesgeschichte von *Abaelard* und *Héloise* mit der Beziehung *Jean Paul Sartre* und *Simone de Beauvoir* vergleichen könne. Da bleibt nur ein sehr eingeschränktes Ja als Antwort, weil Simone ein viel rauherer Typ als *Héloise* war und *Sartre* die Lilien des Feldes pflückte, wo immer sie blühten; er hat ja auch keinen erkennbaren männlichen Verlust erlitten wie *Abaelard* und ging nie ins Kloster, sondern lieber in Cafés. Der Simone aber muß man wohl eine Haltung hoch anrechnen, die mit jener der *Héloise* zu vergleichen ist. Der Unterscheid liegt wohl mehr darin, daß sie nicht Herrin über den Philosophen, sondern Dienerin der Philosophie sein wollte. Als die Frage einer Eheschließung mit *Sartre* anstand, schrieb sie dazu:

"Ich muß sagen, daß ich nicht einen Augenblick in Versuchung war, seinen Vorschlag anzunehmen. Die Ehe verdoppelt die familiären Verpflichtungen und den gesellschaftlichen Ballast. Sie hätte die Beziehungen zur Umwelt verändert und dadurch unweigerlich auch unser Verhältnis. Die Sorge um meine persönliche Unabhängigkeit wog nicht schwer ... Aber ich sah, wie schwer es Sartre fiel, von seinen Reisen Abschied zu nehmen, von seiner Freiheit, seiner Jugend, um Professor in der Provinz und unwiderruflich erwachsen zu werden; der Zunft der Ehemänner beizutreten, hätte einen weiteren Verzicht bedeutet ..."

Die Frage nach *Hannah Arendt* und *Martin Heidegger*, nach dem Verhältnis von Vorzugsschülerin und Meister der Philosophie, würge ich ab. Sie war Politologin und Soziologin, sie ging nach Amerika, er blieb in Deutschland. No comment. Eine Dame war damit nicht zufrieden. Ihre Mutter war schließlich schon stellvertretende Schönheitskönigin von Düsseldorf-Meerbusch gewesen und sie hätte für den eigenen Aufbau gern mehr gewußt.
See You later.

Im Nachtragshaushalt für Frauen muß man wohl unbedingt noch *Arthur Schopenhauer* einbringen. Er gilt in der philosophischen Sortenlehre ja als Pessimist, so ein bißchen wie *Gorgias* und *Descartes* auch, aber ich weiß nicht, was der wirklich hatte. Daheim hat er andauernd an der dummen Welt herumgenörgelt. Stets hatte er eine schußbereite Waffe in seinem Schlafzimmer. Beim Friseur ließ er sich aus Sicherheitsgründen nicht rasieren, obwohl er damals sicher Naßrasierer war. In der Nähe des Berliner Lustgartens hat er seine Nachbarin verprügelt und den erfolgreicheren *Hegel* hat er als „Scharlatan" und „Unsinnschmierer" beschimpft, seine Philosophie als „Afterweisheit" und „Tollhäuslergeschwätz" so heruntergemacht, daß wahrscheinlich sogar in unserem neueren Strafrecht der Persönlichkeitsschutz nicht von der Meinungsfreiheit gedeckt gewesen wäre. Er war Pessimist, aber er aß und trank gern. Er litt außerordentlich unter dem Peitschenknallen der Fuhrleute und den Lärm an sich, der die Deutschen aber wegen der „aus Stumpfheit entspringenden Unempfind-

**Arthur Schopenhauer,
1788 – 1860**

lichkeit" nicht weiter störte.

Er selbst hatte wohl ein gestörtes Verhältnis zu Frauen. „Schon der Anblick des weiblichen Geschlechts lehrt, daß das Weib weder zu großen geistigen noch körperlichen Arbeiten bestimmt ist", war einer seiner Kernsätze. „Das niedrig gewachsene, schmalschultrige, breithüftige Geschlecht das schöne nennen, könnte nur der vom Geschlechtstrieb umnebelte männliche Intellekt. Weder für Musik, noch Poesie, noch bildende Künste haben sie wirklich und wahrhaftig Sinn und Empfänglichkeit; sondern bloß Äfferei, aus Behuf ihrer Gefallsucht ist es, wenn sie solche affektieren und vorgeben ... Was die Weiber kennzeichnet, ist ein an Verrücktheit grenzender Hang zur Verschwendung ..."

Mein Gott, erzählen Sie das bloß nicht weiter! Das kann man ja heutzutage an keinem Herrenstammtisch mehr bringen. Falls aber die Rede darauf kommen sollte, weil vielleicht einer die Welt als Willy und Vorstellung nachspielen möchte, dann sagen Sie einfach und streng vertraulich, Sie wüßten schon, was der *Schopenhauer* über die Frauen, die Professoren und die „komfortablen, verheiratheten und aufgeklärten protestantischen Pastoren", die den innersten Kern des Christentums schon aufgegeben hätten, gesagt hat. War der „heimliche Kaiser der Philosophie", wie er sich selbst nannte, wirklich ein Menschenverächter, ein bildungspolitischer Pessimist und früher Macho und überbegabter Nihilist, der sogar *Nietzsche* begeisterte? Gescheit, aber nicht klug? Oder einfach ein Choleriker mit depressiven Neigungen? Als Vorbild würde ich ihn nicht vormerken. Oder vielleicht doch, weil heutzutage jeder gebraucht wird, und wenn nur als abschreckendes Beispiel? Ein Thema ist er allemal.

Global Players: Von Konfuzius bis Lady Di

Fragt da doch kürzlich eine flotte Schweizerin aus Müller-Thurgau einen Deidesheimer, ob es denn wohl in Deutschland auch Weinberge gäbe. Ich dachte mir meinen Teil, blieb aber ruhig. Fragt später ein Dortmunder einen Spanier, ob denn in Spanien auch Bier gebraut werden könnte. Ich räusperte mich unauffällig: Die können, und sie haben doch sogar Real Madrid, den Rioja und die Alhambra von Granada. Fragt ein Italiener einen Engländer, ob sie wohl auch Kaffee kochen könnten. Da wurde die Geschichte schon brenzliger; nur wenn man ihren Kaffee kennt, weiß man, warum die Engländer am liebsten Tee trinken. Aber die Problemstellung wird in allen drei Fallstudien deutlich. Es geht um Wissen und Verständigung auf höherer oder gewissermaßen schon globaler Ebene. Bierabend, Elternversammlung, Party oder Parteiversammlung ist heutzutage keine örtliche, dörfliche oder städtische Angelegenheit mit überschaubarem Publikum. Das Zusammensein ist im Laden, im Ferienhotel oder am Flughafen nicht mehr national bestimmt, sondern multikulturell und pluralistisch. Deshalb erfordert es auch mehr Einfühlungsvermögen und mehr Wissen als Grundlage. Es erfordert auch einen gediegenen

Grundumsatz an Philosophie, weshalb wir hier den Preis der Nationen ausschreiben.

Die Chinesen

Wann die Philosophie richtig angefangen hat, ist umstritten. Es kann bei den Sumerern oder den Ägyptern losgegangen sein, vielleicht an den Flüssen Babylons und somit in der Biblischen Geschichte, vielleicht bei den Etruskern, Phöniziern oder schon vor Troja. Ganz bestimmt aber gehören die Chinesen zu den ältesten Kulturvölkern und somit zu den Wegbereitern der Philosophie, wie wir heute noch aus der Oper „Turandot" von Puccini oder aus der Operette „Das Land des Lächelns" von Franz Lehar erfahren können, die übrigens bei der Uraufführung noch „Die gelbe Jacke" hieß.

Man kann sich die chinesischen Philosophen nicht alle aufschreiben. Viele deutsche Professoren, Studenten und sogar Kapläne haben in unseren unruhigen Sechziger Jahren die kleine rote Mao-Bibel unter dem Kopfkissen gehabt oder sogar in Predigten daraus zitiert, weil sie an die Heilsbotschaft der blauen Ameisen und ihres roten Herren oder gleich an den himmlischen Frieden von Peking geglaubt haben. Mit Ausnahme von Mao-Look und Tischtennis ist das nun Gott sei dank vorbei, weil die Chinesen selbst den grausamen Irrtum eingesehen haben. Jetzt glauben sie mehr an ihren alten und besten Philosophen, nämlich an den Konfuzius, den *Karl Jaspers* 1957 unter die vier maßgebenden Menschen der Weltgeschichte plazierte. Wenn Sie gefragt werden, wer denn wohl die drei anderen wären, dann lassen Sie zunächst raten. Vielleicht kommen sie mit Noah, Dschingiskhan, Mahatma Gandhi oder Willy Brandt. *Karl Jaspers* aber, der immerhin ein dreibändiges Werk über die großen Philosophen schrieb, hatte *Sokrates*, Buddha, Jesus und eben *Konfuzius* im Auge. Dieser hat auch uns Europäern einiges zu sagen. Einen seiner schönsten Sätze möchte ich hier zitieren:

Karl Jaspers, 1883 – 1969

„Wenn die Begriffe nicht richtig sind, so stimmen die Reden nicht.
Stimmen die Reden nicht, so kommen die Werke nicht zustande.
Kommen die Werke nicht zustande, so gedeihen Kunst und Moral
nicht. Gedeihen Kunst und Moral nicht, so weiß dasVolk nicht,
wohin Hand und Fuß setzen."

Ist das nicht toll? Ich meine, das wäre toll. Logisch aufgebaut und
schlüssig in der Aussage, sehr bedenkenswert in jenen politischen
Lagern, die noch Wertebegriffe im Lager haben.

Die Araber

Gutmütig, wie nur wir in Europa sein können, billigen wir den
Arabern einige Kulturleistungen zu: Die Erfindung des Kaffees,
die Entdeckung des Blutkreislaufs und der Razzia oder die Aus-
bildung der Badehygiene, die im Gegensatz zu unseren streng
riechenden germanischen Ahnen so überragend war, daß im arabischen Cordoba beispielsweise schon 700 öffentliche Bäder exi-
stierten, als sie bei uns noch alle Sommermonate einmal in den
Fluß gingen, falls gerade einer am Lager vorbeifloß. Die Araber,
die heutzutage wegen ihrer Feindschaft mit Israel und ihrer islamischen Fundamentalisten oder Terroristen meist recht schlecht
bei uns wegkommen, waren aber schon im Mittelalter hervorragende Leute. Sie hatten vor allem ganz große Philosophen.

Vielleicht hätte es im Abendland die scholastische Philosophie
gar nicht gegeben, wenn nicht die arabischen Philosophen die
griechische Philosophie gekannt, bewahrt und nach Europa vermittelt hätten. Den *Alfabari*, gestorben 950, muß man nicht unbedingt kennen, obwohl er Neuplatoniker war und seine Ver-
wandtschaft mit *Aristoteles* unverkennbar ist.

Avicenna (980–1037), ein Zeitgenosse unserer ottonischen Kaiser
also, ist der weitaus bekanntere. Er war Arzt und den Naturwissenschaften zugetan. Sein Hauptwerk ist „Kitab-al-Shifa", eine
philosophische Enzyklopädie, vielleicht sogar die erste, wenn
mich meine Erinnerung nicht trügt. Er stützt sich auf *Aristoteles*
und den Neuplatonismus und entwickelt sogar einen der

111

berühmtesten Gottesbeweise: Er existiert mit Notwendigkeit, weil Wesen und Existenz in ihm zusammenfallen, heißt seine Formel, die allerdings auch nicht unumstritten war; *Ernst Bloch* hat da auch eine interessante Geschichte über die aristotelische Linke geschrieben. Eines aber muß klar sein: ohne *Avicenna* hätten wir *Aristoteles* und den denkerischen Ansatz nicht, wäre Chartres und Paris und Köln nicht Brennpunkt der mittelalterlichen Philosophie und Theologie geworden.

Averroes (1126–1198), ein Zeitgenosse unserer salischen und staufischen Kaiser, hieß eigentlich Ibn Rushd und kam aus Andalusien, über dem damals die grüne Fahne des Propheten wehte. Sein Aristoteles-Kommentar muß unter den westlichen Denkern so eingeschlagen haben, wie später die Musik von Richard Wagner, wie die „Göttliche Komödie" von Dante oder der „Archipel Gulag" von Solschenizyn, möchte ich meinen. Der Koran und die aristotelische Philosophie schienen ihm zwar sprachlich verschieden, aber sie widersprechen sich nicht. Das war der frühe Kompatibilitätsglaube in unterschiedlichen Systemen, die freundschaftliche Konvergenztheorie oder vielleicht sogar schon Wandel durch Annäherung, wie ihn Egon Bahr in unseren späten sechziger Jahren im Hinblick auf die Sowjetunion erdachte. In Spanien ist die Annäherung ja auch in manchen Bereichen eindrucksvoll gelungen, wie unsere Spanienurlauber manchmal auch bemerken, obwohl die Mauren bald nach dem Tod des *Averroes* aus Spanien vertrieben wurden.

Ich möchte da gewiß nicht zu sehr tagespolitisch verstanden und, aus dem Zusammenhang herausgerissen, zitiert werden, aber die arabischen Philosophen müssen Sie heutzutage drauf haben, auch wenn Sie nicht begreifen, wieso sich seinerzeit der Karl Martell – bei Mars la Tour, glaube ich – so ins Zeug gegen den Islam gelegt hat. Wir denken heute nicht mehr so wie damals, als die Türken vor Wien standen und das Abendland in geschlossener Formation mit Polen und Bayern gegen die drohende Gefahr ausrückte. Die Türken stehen heute nicht vor Wien, sondern in Wien, bei VW, in der Bundesliga und am Prenzlauer Berg. Der Döner ringt mit Baguette und Pizza um die abendländische Hegemonie. Die Türken haben wahrscheinlich von *Aristoteles* und *Thomas von Aquin* so wenig Ahnung wie wir von den arabischen Philosophen, aber ich meine, hier wäre die philosophische Aufgabe unserer Zeit Wandel durch Annäherung.

„Vergessen Sie bitte nicht Lessings Ringparabel", sage ich noch im Hinausgehen. „Und vielleicht noch das Weltethos von Hans Küng."

„Und nicht den Cornet Christoph Rilke von Rainer Maria", wünscht eine Dame von der schöngeistigen Fraktion, die sogar beim Türken einkauft, obwohl der Cornet auf dem Türkenfeldzug dabei war und die Weise von Liebe und Tod hinterließ. Aber sicher doch.

Die Russen

Lange Zeit sah es in unserer Zeit so aus, als ob es im Osten nur *Marx* und *Engels* in Russisch, vollendet durch die blutige Philosophie von *Lenin* und Stalin, gegeben hätte und nie wieder etwas anderes geben würde. Sogar Dostojewskij und Tolstoi waren von ihnen verdunkelt worden. Aber das war ein Mißverständnis. Im Hintergrund und vor allem im Untergrund hat es immer eine Philosophie der russischen Seele und des russischen Geistes gegeben, weit wie die Landschaft, schwer wie die Wolken und jäh wie die Gewitter, die sich irgendwo in der Welt entluden.

W adimir Lenin, 1870 – 1924

Ein Musterfall war *Michail Bakunin* (1814–1876). Ursprünglich war er so etwas wie ein konservativer Hegelianer, später dann Linkshegelianer und schließlich wegen seines unausgefüllten Naturells Revolutionär. Überall, wo es in diesem bewegten Jahrhundert der Revolutionen etwas zu revolutionieren gab, war *Bakunin* dabei. Unter dem Eindruck einer fehlgeschlagenen Revolution in Lyon schrieb er ein verdächtiges Buch mit dem Titel

„Dieu et L'etat", das freilich nichts mit dem Gottesstaat des *Augustinus* zu tun hatte, sondern eigentlich die Bibel des Anarchismus oder auch des Sozialismus wurde. Religion und Staat schienen ihm die eigentlichen Hemmnisse für die Befreiung des Menschen. Noch mehr aber müsse man sich gegen die Sitten und Gewohnheiten der Gesellschaft empören. Ist es ein Wunder, daß noch in unseren Jahren junge Kapläne und frische Pastoren den *Bakunin* heimlich im Bücherschrank oder unter dem Kopfkissen hatten, das Plakat von Che Guevara an der Wand und den Schrei „Ho-Ho-Hotschiminh" in der Kehle, wenn sie mit Unternehmern, Studienräten oder Jugendlichen beschwingt auf dem Heimweg von der Kneipe waren. Nein, es ist zwar verwunderlich, daß sie einer Modeströmung verfielen, aber kein Wunder, daß *Bakunin* ausgerechnet in diesen Kreisen fröhliche Auferstehung feierte.

Es ist aber auch kein Wunder, daß *Bakunin* mit *Karl Marx* Krach bekam. Ursprünglich war er sein Gesinnungsgenosse und Freund, als Mann fürs Grobe wohlgemerkt. Da er aber wie *Marx* und *Engels* bald die Abschaffung des Erbrechts und die Vergesellschaftung der Produktionsmittel forderte, kam er den Meistern ins Gehege. *Marx* prangerte seine Doktrin als Quark an, zusammengestohlen aus Proudhon und Saint Simon. *Engels* wollte nicht, daß sich „der fette Bakunin, der verdammte Russe" vielleicht an die Spitze der internationalen Arbeiterbewegung „hinaufintrigieren" könnte. Den Bakuninschen Unrat könne man nicht an einem Tag bereinigen, diagnostizierte *Engels*, aber er war sich mit *Marx* darüber einig, daß dieser Panslawist für diese Rolle nicht taugen könne; dieser „Mohammed ohne Koran" mitsamt seiner Bande sei unerträglich und deshalb in der Bewegung untragbar. So geschah es, daß der steile Aufwiegler 1872 aus der Ersten Internationale hinausgeworfen wurde.

Falls Sie irgendwann einmal im Gespräch mit Altmarxisten oder Neomarxisten Schwierigkeiten bekommen sollten, sagen Sie einfach: Lassen Sie *Marx*! *Engels* und *Bakunin* müssen Sie lesen! Sie werden sehen, wie schnell sich das Blatt zu ihren Gunsten wendet.

In ganz andere Richtung weisen zwei andere russische Philosophen, von denen einer ein Ukrainer war. In den angeblich so goldenen Zwanzigern unseres Jahrhunderts verblaßten sie allmählich fern der Heimat.

Nikolai Berdjajew (1874–1948), aus adeliger Familie in der ukrainischen Hauptstadt Kiew geboren, war zunächst von *Marx* geprägt, versuchte die Versöhnung zwischen Marxismus und Idealismus. Scheiterte aber und wandte sich von *Marx* ab. Wie es russische Art war, versuchte er es mit revolutionärer Politik, wurde aber im Zarenreich zu drei Jahren Verbannung verurteilt. 1917, noch während der Oktoberrevolution, wurde er Professor für Philosophie in Moskau, kam erneut ins Gefängnis und wurde 1922 ausgewiesen. Seine kritische, eben philosophische und dazu noch christlich geprägte Haltung vertrug sich nicht mit den neuen Herren im Staat. Seit 1924 lebte er in Paris und wurde dort ein Wegweiser der christlichen Existenzphilosophie. Die besseren Karten aber und die mächtigeren Verleger hatten allmählich die atheistischen Existentialisten.

Michail Bakunin, 1814 – 1876

Zwischen *Sokrates*, Solon und den Sophisten müßte in den philosophischen Lexika eigentlich der Name von *Solowjew* erscheinen. Aber man hat ihn da wohl bereits aussortiert, so wie man ihn aus ganz anderen Gründen in den großen Lexika der Sowjetunion wegrationalisiert hatte.

Wladimir Sergejewitsch *Solowjew*, 1853 in Moskau geboren, wollte im zaristischen Rußland zunächst eine gottgewollte soziale Ordnung einer freien Theokratie. Das ging nicht, war Utopie, wie er selbst so um 1890 bemerkte. Er gab sich apokalyptischen Erwartungen hin, die ja, wie wir viel später erfahren mußten, sich auch in der Sowjetunion mit ungeheueren Untaten vollzogen. Die nichtmarxistische Philosophie Rußlands ist von dem Dichterphilosophen *Solowjew* stark beeinflußt, liest man. Aber was hatte seit 1917 nichtmarxistische Philosophie überhaupt für eine Bedeutung? Sie ging unter in der Flut und verging im Archipel Gulag.

„Der Archipel Gulag", die sensationelle Enthüllungsgeschichte Alexander Solschenizyns, und die ungebrochene Haltung des verbannten Andrej Sacharow öffneten der Welt die Augen. Das war die Wiedergeburt der russischen Philosophie und die Wiedergeburt Rußlands, die noch nicht ganz gelungen scheint. Wenn Sie an die Wirksamkeit der Philosophie glauben, dann suchen Sie sich unter diesen oder auch bei den aufsässigen Tschechen und Polen die Lektüre aus. Ihre Vergangenheit gehört mit zur Zukunft, können Sie getrost behaupten. Vielleicht noch einen kräftigen Wodka dazu, weil das von jeher zur russischen Lebensphilosophie gehört.

Die Griechen

Wenn Sie auf Kreuzfahrt im Östlichen Mittelmeer anlegen, dann legen Sie sich bitte nicht mit den Griechen an! Wenn Sie ein griechisches Restaurant irgendwo in Deutschland oder irgendwo in Europa besuchen, dann unterhalten Sie sich mit dem Wirt am besten über Lammbraten und Tsatsiki, über Hackfleisch in Weinlaub oder den besten Joghourt vom Parnass, über Schafskäse, Oliven, Ouzo und Retsina, aber bitte nicht über griechische Philosophie. Sie würden ihn beleidigen, weil sein Lokal keine Belehrungen braucht Aber Sie sollten natürlich Ihren Mitessern mehr als die griechische Eßkultur vermitteln und schmackhaft machen wollen. Sie können von ihren wilden dionysischen Orgien und Umzügen auf dem Land erzählen, bei denen sie einst so nebenbei die Tragödie und die Komödie erfanden. Sie können den Pythagoreischen Lehrsatz auf die Serviette zeichnen und sich freuen, wenn einige noch das Dreieck und die drei Vierecke schwach in Erinnerung haben. Sie können aber das Mahl noch würzen, wenn Sie über Vorsokratiker und Nachsokratiker, über die Giganten *Platon* und *Sokrates*, über den verantwortungsvollen Staatsrechtler Solon oder den verrückten Aussteiger Diogenes berichten und alles in allem die wahnsinnige Leistung würdigen, die uns die Griechen mit ihrem Nachdenken über Gott und die Welt beschert haben.

Es hätte ja alles auch ganz anders kommen können. Vielleicht hätten wir ohne die Griechen heute noch kein Theater, nicht die

Blutwurst, kein Abschreckungsmodell Xanthippe, keine platonische Liebe, keinen Marathonlauf, kein Cholesterin und keinen Ödipuskomplex. Über diesen historischen Irrealis muß man schon einmal nachdenken. Wenn der Ötzi schon die Naturgesetze so wie der selige Thales gekannt hätte, der mit bloßem Auge schon eine Sonnenfinsternis voraussagte, und vielleicht noch einen Anorak und Sonnenschutzöl droben im eisigen Similaun besessen hätte, könnte er vielleicht heute noch leben.

Wenn der Retsina gut läuft und die Schale mit Nüssen und Oliven leer wird, ist es an der Zeit, die wichtigsten griechischen Aphorismen zu zitieren und in das eigene Leben einzuordnen.

Wenn Sie auf einer Brücke stehen, in den Fluß hinunterschauen und eine philosophische Erkenntnis am Platz ist, dann nur *Heraklit*. Entweder „Panta rei", das heißt „alles ist im Fluß oder alles fließt". Dabei laufen Sie freilich Gefahr, daß Ihnen einer den Vogel zeigt oder den Blödmann hinterher murmelt. Besser ist schon der andere Satz von Heraklit, der besagt, daß man nicht ein zweitesmal in denselben Fluß steigen könne. In den gleichen Ja, aber nicht in denselben, weil wohl die Ufer und das Strömen konstant sind, aber das Wasser, das den Fluß ausmacht, immer wieder anders sein wird. Wenn jetzt noch jemand fragt, ob das nicht doch etwas zu anstrengend wäre, sagen Sie ihm einfach, daß schon die Griechen ihren *Heraklit* den „Dunklen" genannt haben und unser *Hegel* von dem „tiefsinnigen Heraklit" sehr beeindruckt war. Er hielt ihn für den eigentlichen Anfang des philosophischen Denkens.

Wenn Sie beispielsweise in einem Schützenverein, im Elternrat oder in irgendeinem Gremium bei der Wahl in den Vorstand unterlegen sind, sagen Sie einfach „Nicht mitzuhassen, mitzulieben bin ich da", auf Griechisch „Outoi synechthein alla symphilein ephyn". So hat es die liebe Königstochter Antigone seinerzeit voller Edelmut gesagt und uns alle tief beeindruckt. Sollte die Wahl aus undurchsichtigen Gründen wiederholt werden, könnte es durchaus sein, daß man dann erst Ihre edle Gesinnung schätzt und Sie im zweiten Durchgang wählt.

Sitzen Sie irgendwo in den Dünen, auf einer Bergwiese oder im hoteleigenen Garten, lesen gerade den *Playboy* oder den *Spiegel* und möchten nicht gestört werden, dann sagen Sie dem potentiellen Störenfried einfach „Störe mir meine Kreise nicht", wie seinerzeit der gescheite *Archimedes*. Wenn der neugierig Anteilnehmende nicht Deutsch versteht, sagen Sie einfach „noli turbare circulos meos", wie es *Archimedes* wahrscheinlich zu dem ungehobelten und aufdringlichen römischen Eroberer gesagt hat, weil dieser nicht Griechisch verstand. Zu 99% müßten Sie Ihre Ruhe haben – es sei denn, der Fremde ist an Philosophie interessiert.

Sollte Ihnen die Dame Ihres Herzens Vorhaltungen wegen eines Flirts mit anderen Damen machen, dann sagen Sie einfach „Man darf das Schiff nicht an einen einzigen Anker und das Leben nicht an eine einzige Hoffnung binden". Ist von *Epiktet*. Könnte aber auch die Dame zum Herrn sagen. Und sollte der Herr einer Dame im langen Kleid nähertreten wollen, so empfiehlt sich die Sentenz des *Sokrates*: „Lange Kleider behindern den Leib, überflüssiges Drum und Dran die Seele". Hoffentlich versteht sie das Zitat nicht als zu heftige Anmache.

Fährt Ihnen einer irgendwie in die Quere und macht Sie frech auf Fahrfehler mit dem Auto oder auch als Radfahrer in der Einbahnstraße aufmerksam, dann sagen Sie zu ihm nicht „Blödmann", sondern einfach den alten delphischen Satz „Gnothi sauton". Wenn er fragt, was das denn wohl solle und meint, daß Sie ihn beleidigen wollen, dann zücken Sie einfach die Übersetzung wie eine gestochene Linke nach der Geraden im Ring: „Erkenne Dich selbst!" Das bedeutet soviel wie, er solle doch zuerst in sich selbst gehen und vor seiner eigenen Tür kehren. Das zieht immer, fast immer. Sollte es dennoch zu einer Auseinandersetzung kommen, dann gilt auch die Empfehlung des *Sophokles*: „Wer nicht das gleiche erfahren hat wie ich, soll mir keinen Rat geben."

Sollte jemand im Examen oder im Casting, wie man gelegentlich sagt, Schwierigkeiten haben und einfach nicht alle Fragen beantworten können, dann entschuldige er sich versuchsweise auf Griechisch oder wenigstens mit Griechisch. „Strebe nicht, alles zu wissen, damit du nicht in allem unwissend wirst!", hat schon der alte *Demokrit* gesagt, der schon zu seiner Zeit offensichtlich nicht viel von dem aufgepeppten Examenswissen hielt. Und wenn dies nicht reicht, dann nehmen Sie die Demutsgeste des *Sokrates*: „Ich weiß, daß ich nichts weiß." Vielleicht fragt der Prüfer neugierig, wer denn wohl dieser *Sokrates* gewesen sein könnte und woher Sie Ihre ganze Weisheit hätten. Es könnte sogar sein, daß er in diesem Fall die Originalität, den frei gewählten Fleiß und Ihren Mut positiv bewertet und die Note doch noch um einen Punkt nach oben korrigiert. Für Quizabende der Fernsehgemeinden scheint aber diese hochgestochene Arbeitsweise absolut ungeeignet.

Demokrit, 460 – 370 v. Chr.

Marc Aurel war römischer Kaiser, aber er hat Griechisch geschrieben. Deshalb darf er auch bei der Erweckung der griechischen Philosophie nicht fehlen. Er hielt gute Sätze zu beinahe allen Lebenslagen bereit, über Gott und die Seele, über die Bescheidenheit und Friedfertigkeit des Menschen. „Ringe danach, daß du bleibst, wie dich die Philosophie haben wollte ... Scheue die Götter, rette die Menschen!", hat er beispielsweise empfohlen. Weil er aber den absoluten Durchblick in der Politik hatte, zweifelte er allmählich an den Methoden und der Verhältnismäßigkeit des Aufwands: „Wenn du Konsul werden willst, mußt du auf deinen Schlaf verzichten, herumrennen, anderen die Hand küssen ... vielen Geschenke und einigen täglich Gunstbeweise schicken. Und was ist der Erfolg? Zwölf Rutenbündel und die Erlaubnis, drei -oder viermal auf dem Tribunal zu sitzen, im Circus Spiele zu geben und in kleinen Körbchen Mahlzeiten zu verteilen ..." Politisch Interessierte werden rasch bekennen, ob sie an Freikarten im Theater interessiert oder von höheren, demokratischen Ideen beflügelt sind. Wer schließlich die richtige Lässigkeit im Umgang mit dem Tod sucht, der kann ihn auch bei *Marc Aurel* finden: „Alexander von Makedonien und sein Maultiertreiber sind durch den Tod in den gleichen Zustand versetzt worden", moderierte er locker. Das könnte man heutzutage wohl auch einem Bademeister in Marbella oder einem Leibwächter in Monaco oder Kensington vermitteln, obwohl dort die Standesunterschiede gelegentlich auch schon horizontal eingeebnet sind. Also Vorsicht: Klassengefühle und Klassenkampf nicht nur an Höheren Lehranstalten vermeiden!

Und Vorsicht, wenn der klassische Satz von *Heraklit* zitiert wird, daß der Krieg der Vater aller Dinge sei. Das kann man so nicht sagen. Am besten zweifelt man an der Übersetzung des Wortes „polemos", was ja sowohl Krieg wie Streit bedeuten kann. Der Streit als der Vater aller Dinge, das könnte die Formel für jede Streitkultur oder die dialektische Philosophie sein.

Man sollte es nicht glauben, wie weit die damals doch schon waren. Und dabei waren die sogar noch viel weiter. Sie hatten ja sogar schon viele unserer heutigen Sinnsprüche und Lebensregeln.

„Eine Schwalbe macht noch keinen Sommer" (Aristoteles)
„Aus einer Mücke einen Elefanten machen" (Lukian)
„Es steht auf des Messers Schneide" (Homer)
„Was du nicht willst, das man dir tu, das füg auch keinem andern zu" (Sokrates)
„Arbeit schändet nicht" (Hesiod)
„Die Würfel sind gefallen" (Menander)

Die Römer

Die Römer waren zuerst ein Volk von Viehzüchtern und Soldaten. Das merkte man immer wieder in ihrer Geschichte. In der Philosophie waren sie deshalb auch nicht so stark wie die Griechen, die sie zunächst erobert und dann auf diesem Gebiet abgekupfert haben. Einer der größten Bewunderer Griechenlands war – Sie werden es nicht glauben – der Kaiser Nero, der freilich gar nicht so verrückt war, wie es aussah. Er war in jungen Jahren so ähnlich wie James Dean oder Elvis Presley, er trat in Rom als Wagenlenker der Formel I, in Griechenland mit der Lyra in mehreren

Sängerwettstreiten auf und gewann auch meistens. Voller Bewunderung entließ er die unterworfenen Griechen sogar im überfüllten Stadion von Korinth feierlich in die Freiheit, was freilich sein ungebildeter Nachfolger Vespasian, also der mit der Latrinensteuer, sofort wieder rückgängig machte. Er hielt nicht viel davon. Er brauchte Geld für seine Feldzüge.

Wenn also die römische Philosophie nicht so stark wie die griechische Philosophie war, sollte man sich trotzdem einige Namen notieren.

Erhebliche Verdienste hatte Marcus Tullius Cicero (106–43 v. Chr.). Im Gymnasium lernt man ihn zwar vorwiegend als Römer von altem Schrot und Korn, als versierten Lateiner mit schwieriger Syntax oder als versierten Politiker kennen, der mit allen Tricks operierte und am Ende auf der Flucht in der Sänfte erstochen wurde. Cicero aber hat sich, was damals römische Art war und bei uns leider in Vergessenheit geriet, gründlich auf den Beruf des Staatsmannes vorbereitet; nach intensiven Studien in Griechenland hat er als erster die griechische Philosophie in lateinischer Sprache dargestellt. Er hat aber auch Gedanken über das Wesen der Götter, über Tod und Unsterblichkeit oder die Ziele des menschlichen Handelns geschrieben. Wer heutzutage auf einem größeren Fest von Freunden oder wenigstens Gesinnungsgenossen brillieren möchte, der sollte Ciceros Arbeit „ De amicitia", welche über die Freundschaft geht, unbedingt studieren. „Idem velle et eadem nolle vera amicitia – dasselbe wollen und dasselbe nicht wollen, das ist wahre Freundschaft". Das verpflichtet, das schweißt zusammen. Das kann natürlich auch langweilig werden und Frust erzeugen.

Lassen Sie uns aber nicht vergessen, daß Cicero ein großartiger Redner und deshalb auch wichtiger Berufspolitiker in Rom war. Zweimal verhinderte er die Machtübernahme des verbrecherischen Catilina. Er wurde später verbannt, sein Landgut konfisziert, sein Haus auf dem Palatin verbrannt. Er stand zeitweilig unter dem Druck von Caesar und Pompejus und enthielt sich öffentlicher Äußerungen, aber er schrieb in verschiedenen politischen Phasen seine grundlegenden Werke über die Gesetze

(„Leges"), über die Pflichten („De officiis") und über den Staat („De res publica"), dessen Höhepunkt der berühmte Traum des Scipio ist. Dieser letzte große Staatsmann aus Roms großer Zeit definiert, natürlich im Auftrag *Ciceros*, die *res publica* als *res populi* und empfiehlt, wiederum in Sinne *Ciceros*, eine gemischte Verfassung aus Königsherrschaft, Adelsherrschaft und Volksherrschaft – was viel später im *regimen mixtum* des *Thomas von Aquin* wiederkehren sollte.

Cicero war aktiver Politiker und Verwaltungsmann, Staathalter in Kilikien und Quästor in Sizilien. Bei der Rückkehr nach Rom hat er jeweils erfahren, wie schnell politische Verdienste vergessen sind; seit seiner Verbannung hatte er auch chronische Geldsorgen: beides kommt auch in der heutigen Politk immer wieder vor und zwingt zur Nachdenklichkeit. „Es kann nichts Unerträglicheres geben als einen dummen Reichen", hat er wohl unter dem Eindruck der römischen Verhältnisse geschrieben. Aber Vorsicht mit der Zitierung, das mag nicht jeder, das kann als hochmütig oder elitär ausgelegt werden.

Cicero, 106 – 43 v. Chr.

Als seine Tochter Tullia starb, mied er wochenlang alle Gesellschaft und ging in die Einsamkeit. Dort schrieb er für sich selbst die Trostschrift „De consolatione". Eine Trostschrift aus einer scheinbar uralten Zeit, als die professionelle Trauerarbeit noch nicht erfunden war.

Cicero hat den Römern eine Philosophie für das praktische Leben geschenkt, die spätere Zeiten in Europa befruchtet und die Höheren Lehranstalten bereichert hat.

Der andere große Philosoph war Lucius Annäus *Seneca* (4 v. Chr.– 65 n. Chr.), für Humanisten der authentische Römer, obwohl er in Spanien geboren wurde und wegen seiner schwachen Lunge vorübergehend im warmen Ägypten lebte. Sein Vater hatte schon Stilblüten gesammelt. Mit 30 Jahren schlug er die Staatslaufbahn ein, flog aber schon nach kurzer Zeit aus derselben, weil der wilde Kaiser Caligula den „sanftgefälligen Stil" des Senatsmitglieds und Quästors nicht vertragen mochte. Wortklaubereien seien was für Rhetorenkämpfe und sonst nichts. Im Grunde genommen war er nur eifersüchtig. Und so geschah in diesen unübersichtlichen Jahren Roms das, was in späteren Jahren immer wieder geschah: man war Politiker und wurde abgesägt, man kam wieder, fiel wieder auf die Nase und diente dann, wenn die unmittelbare Aktion verwehrt war, seinen Mitbürgern in stiller Anwaltschaft.

Acht Jahre lang war *Seneca* in der Verbannung auf Korsika, in einem Klima, das ihm auch wegen der Lunge gar nicht so zusagte, aber er machte in der Fremde das Beste daraus wie *Ovid* oder *Cicero*, wie später Thomas Mann oder Solschenizyn. Er dachte nach und schrieb, Briefe, Gedichte und Dialoge, nicht als weltflüchtiger Asket, sondern als pragmatischer Philosoph. Er schrieb sogar einen empfehlenswerten Titel „De constantia sapientis", in dem er wohl nicht nur sich selbst zur Beständigkeit ermahnen, sondern eine grundsätzliche Tugend des Stoikers herausarbeiten wollte. Ein Philosoph entbehrt den Luxus nicht: Das klingt so klar, wie wenn man sagt „Indianer weinen nicht".

Seneca schrieb neun Tragödien, Briefe und viele moralphilosophische Abhandlungen, die durchgängig den stoischen Grundcharakter der souveränen Vernunft und der Selbsterziehung aufweisen. Er war ein Wertephilosoph, das Abendland bewunderte sie und ließ sie oft in Abituraufsätzen bedenken, obwohl er möglicherweise auch Wasser predigte und Wein trank. Es betrauerte seinen schlimmen Tod, den Tacitus ausführlich, aber medizinisch wohl nicht ganz korrekt geschildert hat, weil bei alten Leuten das Blut absolut nicht langsamer aus den aufgerissenen Adern läuft, als bei jüngeren Menschen. Es war eine schreckliche Szene Aber er hatte sich und uns ja schon präventiv ermahnt. Er hatte ja als Vermächtnis hinterlassen: „Ertraget mit Stärke, darin überragt ihr Gott. Er steht außerhalb des Leidens, ihr steht darüber."

War *Seneca* in eine Verschwörung verstrickt und gewissermaßen Widerstandskämpfer? Man könnte es so sehen. Hat *Seneca* die beinahe gleichgesinnten Apostelfürsten Petrus und Paulus, die damals freilich noch keine Fürsten waren, in Rom getroffen? Er hätte sie treffen können, aber sie haben sich nicht getroffen. Sie starben alle drei unter Nero eines gewaltsamen Todes. Seltsame Synchronisation von Menschen und Zeiten. Läßt sich auch als Predigtthema gut verarbeiten.

Wenn man noch einen römischen Philosophen herausstellen darf, der wiederum seltsamerweise wegen angeblichen Hochverrats eines gewaltsamen Todes gestorben ist, dann ist es Anicius Manlius Severinus *Boethius* (ca. 480–524). Als er geboren wurde, war das Römische Reich schon eingeschläfert, und die Germanen regierten den italischen Rest von Ravenna aus. Odoaker, Galla Placidia und Theoderich sind die bekanntesten Namen aus jener wilden, unsicheren Zeit der Rugier, der Skiren und der Ostgoten. Aber *Boethius* hatte offensichtlich noch die Chance, ein römischer Philosoph zu sein, so als ob politisch nichts geschehen wäre. Er übersetzte *Aristoteles* ins Lateinische und erklärte ihn. Er entwickelte sich allmählich zu einem christlichen Neuplatoniker, schrieb über Logik, Gott und die Seele. Gefördert von dem Ostgotenkönig Theoderich, der sich in Ravenna wie ein altrömischer Patricius Romanorum bewegte und sogar Zirkusspiele im alten Stil veranstaltete. Ohne den vorprogrammierten schlechten Ausgang des Finales zu bemerken, geriet *Boethius* in die Politik. Er wurde 510 sogar Konsul, fast wie in alten Zeiten, obwohl das Gotenreich nur ein Satellitenstaat von Ostroms Gnaden war. Als er aber für den befreundeten Senator Albinus eintrat, der wegen Einverständnisses mit der eigentlichen Machtzentrale Konstantinopel angeklagt war, wurde *Boethius* in den Prozeß verwickelt und als Hochverräter hingerichtet. Im Gefängnis schrieb er zum eigenen Trost fünf Bücher „De consolatione philosophiae", in denen sogar die Philosophie als allegorische Erscheinung persönlich auftritt. Bemerkenswert ist die Definition des Menschen als „animal rationale", als vernunftbegabtes Lebewesen also, was wir heutzutage noch oft bezweifeln.

Wer einem gebildeten Menschen, der als Tourist schon das porphyrene Grabmal des Theoderich in Ravenna und das Mausoleum der Galla Placidia gesehen hat, ein nachhaltiges Geschenk machen möchte, der sollte ihm den „Trost der Philosophie" von

Boethius schenken. Das hat nicht jeder, den kennt nicht jeder, den Chianti aus dem Reisezug mag nicht jeder. Der *Boethius* verrät hochkarätige Bildung und einen Ruch von Abendland.

Die Lateiner

Alle Römer waren schließlich Lateiner, aber nicht alle Lateiner waren Römer. Bei *Augustinus* und *Boethius* haben wir schon den fließenden Übergang ausgemacht. Im Mittelalter war dann Latein eben erste Sprache der Gebildeten und Umgangssprache der Philosophie, wie wir schon bei *Anselm von Canterbury* bei *Abaelard* oder Albert dem Großen gesehen haben. Die mittelalterliche Philosophie nennt man Scholastik, weil der scholasticus ein Studierender oder Lehrender an einer der überraschend zahlreichen Lehranstalten in Europa war. Die Scholastik war keine brave Dienerin der Theologie, sondern eine lebhaftes, streitlustiges und manchmal streitsüchtiges Ringen um die Wahrheit. Die einen schworen auf *Aristoteles*, die anderen zerfetzten ihn. *Thomas von Aquin* war zeitweilig der Shooting-Star oder unschlagbare Chef im Ring, der scheinbar endgültig das Verhältnis von Glauben und Vernunft geklärt hatte, wenn Wilhelm von Ockham nicht eingegriffen hätte. Meister Eckhart entwickelte gegen seinen Intellektualismus die deutsche Mystik, und schließlich bekamen wir auch noch den gescheiten Nikolaus von Kues an der Mosel, der trotz seines Bruchs mit *Aristoteles* auch heute noch an Saar, Ruwer und darüber hinaus zu Recht hoch verehrt wird. „De docta ignorantia", also über die gelehrte Unwissenheit, um 1440 geschrieben, ist ein phantastischer Titel, der Inhalt aber ist nicht ganz so leicht zu lesen.

Nicht zu vergessen schließlich *Johannes Buridanus* (1295–1358), der schon die Projektilbewegung mit der Relation von Kraft und Geschwindigkeit und Materie definieren wollte. Die Sache mit Buridans Esel stammt zwar wahrscheinlich nicht von ihm, so wie der Apfelschuß auch nicht von Wilhelm Tell stammt, aber sie könnte von ihm stammen und die Verfänglichkeit einer sophistisch anmutenden Philosophie erkennen lassen. Sie handelt von einem Esel, der zwischen zwei gleich großen und gleich guten

Heuballen steht. Wenn nun die Entscheidung für den einen oder den anderen Heuballen nur von der Größe des Reizes abhängen würde, müßte der Esel theoretisch verhungern. Weil nun der Esel aber nicht so dumm ist, wie er geschildert wird, wo er doch sogar zweimal ausdrücklich in der Bibel erwähnt ist, entscheidet er sich natürlich für den linken oder den rechten Heuballen. Warum das so ist, muß der Esel selbst entscheiden, und Sie sollen es ergründen. Das ist so ähnlich wie bei jener Kindtaufe, als der Pastor die Eltern nach dem Geschlecht des Täuflings fragte. „Das muß das Kind schon selbst entscheiden", antworteten die Eltern in existentieller Harmonie.

Die Lateiner belebten, befruchteten und beherrschten das Mittelalter. Irgendwann war dies mitsamt der Karolingischen Renaissance und der lange nachhaltigen Scholastik vorbei, weil allmählich die einzelnen Nationen Europas ans Licht drängten und in ihrer eigenen Mundart zu schreiben anfingen.

Die Engländer

Die Engländer soll man nie unterschätzen. Das wissen wir von Trafalgar, aus dem Ersten und Zweiten Weltkrieg sowie aus dem Fußball, den die Engländer bekanntlich selbst erfunden haben. Man sollte aber viel häufiger nach ihrer Philosophie fragen, die weit über die Militärphilosophie von Admiral Nelson – England expects every man to do his duty and so – oder über die Fußballphiolosphie von Bobby Charlton und Kevin Keagan hinausgeht. Auf der Insel lebten viele Philosophen, das ist wahr, aber leicht vergessen, wie man sogar an der Geschichte Englands von Winston Churchill sieht. Obwohl sie in vier Bänden Platz genug hätten, kommen Philosophen da so gut wie nicht vor. No sports, no philosophy, könnte der Kriegspremier und Zigarrenfreund Churchill gedacht haben. Aber es gab reichlich Philosophen.

Anselm von Canterbury war zwar kein Engländer, wie wir gesehen haben, aber er lehrte in Canterbury. *Duns Scotus* war, wie schon der Name verrät, Schotte, aber er schrieb auch noch in Latein.

Thomas Morus (1478–1535) ist uns wohlbekannt, weil er in seiner Philosophie ein strenge Monogamie forderte, deshalb mit dem englischen König Krach bekam und schließlich hingerichtet wurde, weil er den König nicht als Oberhaupt der anglikanischen Kirche anerkannte. Was hätte er wohl zu Prinz Charles, zu Camilla und der Königin der Herzen gesagt, wenn er in unserer Zeit gelebt hätte? Man wagt nach dem ergreifenden Requiem in Westminister, wo der Premierminister Blair vorgebetet und Elton John am Klavier so schön „candle in the wind" gesungen hat, gar nicht daran zu denken.

Isaak Newton (1669–1703) ist uns vertraut, weil ihm in seinem Heimatdorf Woolsthorpe ein Apfel vor die Füße oder auf den Kopf gefallen sein soll. Er dachte nach, fragte sich wiederholt, warum der Apfel ausgerechnet herunter und nicht hinauf gefallen war und entdeckte so das Gesetz der Gravitation. Nach neueren Forschungen aber soll der Apfel gar nicht heruntergefallen sein, so wenig wie beim Apfelschuß des Wilhelm Tell. Aber die Geburt der naturwissenschaftlichen Methode ist zweifellos mit dem Namen von Newton für alle Zeit verbunden, wenngleich sein Hündchen Diamond sogar noch eine brennende Kerze umgestoßen, eine

Isaac Newton, 1643 – 1717

Handschrift zerstört und damit die Ergebnisse langjähriger Forschungen vernichtet haben soll. Die Geschichte wird freilich auch bestritten, weil Newton niemals mit Hunden oder Katzen im Haus zu tun hatte. Vielleicht hatte er damals schon eine Katzenallergie, wußte es instinktiv und war vorsichtig. Aber den Hund muß es doch gegeben haben, sonst hätte Newton nicht die geflügelten Worte gesprochen: „O Diamond Diamond, du weißt nicht, was du mir für Schaden angerichtet hast."

Im 17. und 18. Jahrhundert sind die Engländer dann richtig da und zeigen dem Kontinent, was denn auf der Insel gedacht wird.

Francis Bacon (1561–1626), nicht zu verwechseln mit dem Franziskaner Roger Bacon, Parlamentarier, Minister der Königin Elisabeth, die wir von ihrem Streit mit Maria Stuart und dem Untergang der Armada her kennen, aufgestiegen unter James I., Reichsanwalt, Justizminister, Großsiegelbewahrer. War nicht nur englischer Staatsmann, sondern ein neuer Lehrer der Erkenntnistheorie, der nach englischer Art wenig von künstlichen Begriffshülsen hielt und die Erfahrung in den Vordergrund rückte. Er begründete den Empirismus. Aber seine politische Erfahrung reichte offensichtlich wiederum nicht für ein ruhiges Leben aus: er entging gerade noch einem Gefängnisaufenthalt im Tower, erhielt eine riesige Geldstrafe, die wahrscheinlich aber niemals eingetrieben wurde. Seine Titel verlor er allesamt, aber darauf ist ja auch ein Philosoph nicht angewiesen.

Bacons Sekretär war *Thomas Hobbes* (1588–1679), geboren also in dem Jahr, als die Armada unterging, Oxford-Student, bekannt mit Galilei, Übersetzer von Homer und Thukydides, Kritiker der immer noch an vielen Hochschulen dominierenden Scholastik. Versöhnt in einem kühnen Schlußverfahren Vorbestimmung und Willensfreiheit, gerät schließlich von der Mathematik des Euklid zur politischen

Thomas Hobbes, 1588 – 1679

Philosophie, die das unruhige England damals bitter nötig hatte. Sein Hauptwerk ist der „Leviathan", der endlich auch in Englisch geschrieben ist. Wenn jemand fragen sollte: Leviathan ist das große Ungeheuer, nicht von Loch Ness, sondern aus dem Buch Hiob 3, 40–41, ein Symbol für zwei Ungeheuer, nämlich die anarchische Gesellschaft mit dem Krieg aller gegen alle oder der autoritäre Staat, der diesen Krieg verhindert. Der Leser soll sich ein Bild machen, sich vorstellen, was wohl geschehen würde, wenn die zentrale politische Macht aufgelöst würde; dabei hatte der Monarchist *Hobbes* natürlich das unruhige England im Auge. Die Zentralmacht muß die Menschen vor gegenseitigen Übergriffen schützen, heißt es in seiner Staatsphilosophie.

Nicht zu vergessen *John Locke* (1632–1704), wieder einer jener Briten, die zwar nicht gleich hingerichtet, aber in die Verbannung geschickt wurden. Obwohl er sehr schmal aussieht, war er ein Meister der empirischen Erkenntnistheorie. Schrieb lateinisch und englisch, auch über die Erziehung, weshalb er bei deutschen Pädagogen wohlbekannt ist. Betrieb stark die Aufklärung und die liberale Revolution in England. Favorisiert die konstitutionelle Monarchie. Sein Hauptwerk ist nicht politisch, sondern philosophisch: „Essay concerning human understanding" – der Versuch über den menschlichen Verstand also.

Und immer kommen neue Engländer ans Licht: Shaftesbury, Mandeville, Berkeley und endlich *David Hume* (1711–1776), der wegen seiner kritischen Schärfe in Europa berühmt wurde und auch als glänzender Schriftsteller einen Namen hatte. Er nannte seine Philosophie Skeptizismus, andere hießen ihn den Totengräber der Kausalität, weil wir nicht ohne weiteres vom Wiederauftreten einer Ursache auf das Wiederkommen der Wirkung schließen könnten. Nicht verschweigen möchte man an dieser Stelle, daß es schon damals eine schottische Schule gab, die mit der Lehre des *John Locke* absolut nicht einverstanden war.

Damit war aber die englische Philosophie noch lange nicht am Ende. Es kam noch *Jeremy Bentham* (1748–1832), der zeitlebens an der britischen Verfassungsreform arbeitete und mit seinem Hauptwerk das aussagte, was er stets wollte: ‚An Introduction to the Principles of Morals and Legislation" – also die Einführung der Moral in die Gesetzgebung, geschrieben im Jahr 1789, als die Französische Revolution ausbrach. Daran basteln sie heute noch. Beeinflußt von ihm war auch *John Stuart Mill* (1773–1836), der einen kahlen Schädel mit seitlichem Haarkranz hatte, für die repräsentative Demokratie und die freie Selbstentfaltung des Menschen eintrat und einer der ganz wenigen in der Weltgeschichte blieb, der wegen einer Firmenpleite zum Philosophen wurde und sogar unabhängiges Mitglied des Unterhauses war. Die Firma war übrigens die Ostindische Kompanie.

Damit aber noch kein Ende. Die Engländer philosophierten weiter, sie wurden englische Denker oder kontinentale Denker, sie ruhten in sich oder bewunderten *Heidegger*, *Camus* und *Foucault*. In England geschah es 1946, daß sich *Popper* und *Wittgenstein* nicht auf die feine englische Art übers Kreuz kamen, wobei vermutlich *Wittgenstein* und nicht *Popper* den Schürhaken drohend gegen den Kollegen schwang. Aus England kam schließlich *Bertrand Russell*, der 1918 als Pazifist für ein halbes Jahr ins Gefängnis mußte, als Pazifist ein Leben lang die Welt bedrängte und sogar den Nobelpreis für Literatur bekam.

In England gibt es heute sogar gentlemen, die ganz unverhohlen sagen, daß sich die Beschäftigung mit der Philosophie des Festlands überhaupt nicht mehr lohne, weil sie uninteressant sei. So philosophieren sie weiter. Wenn sie nicht gestorben sind, leben sie noch heute, und wenn sie einst gestorben sind, leben sie wahrscheinlich noch lange weiter.

Warum ging übrigens *Karl Marx* nach England? Nun, es war für ihn das Ziel aller politischen Asylanten, er erwartete aber vor allem in diesem führenden Industrieland der Proletarier die Revolution. Zu seinem Leidwesen mußte er aber feststellen, daß die Revolution ausblieb und die Situation der Arbeiter sich auch ohne *Marx* und *Engels* verbesserte. Das „Gesetz der Geschichte" hatte sich widerlegt. Die Revolution kam aus einer ganz anderen Windrichtung.

„Das ist eben der Unterschied", sagt ein Gast in unserer Stammkneipe, der unerkannt bleiben will, „*Marx* hat das Kapital geschrieben und ich habe es versoffen". Das nennt man dann wohl Wahlverwandtschaft.

Die Engländer philosophieren in Oxford, Cambridge und im Unterhaus lebhaft weiter. Den letzten Großeinsatz hatten sie beim Tod der Prinzessin Diana, die ja schon zu Lebzeiten eine Kultfigur oder wenigstens ein Mythos war. Jetzt rückten auch die Philosophen aus. Der Professor Anthony O'Hear nahm dabei sogar eine Verwandlung seiner ganzen Philosophie in Kauf. Zunächst hatte er nämlich den Diana-Kult leichtfertig als „sentimentalen Exzeß" charakterisiert, als aber an den Blumenbergen vor Kensington und dem Tränenmeer um die Insel nicht mehr vorbeizukommen war, hielt er ein und den Tag des Begräbnisses doch für einen „symbolischen Moment in unserer Geschichte". Der Deutsche Patrick Bahners, nicht hauptberuflich Philosoph, aber haarscharf dran, erkannte die demokratisierende Wirkung dieser Fernsehoffenbarung, nicht für das Königshaus, sondern für uns alle. „Wenn Fachleute alle halbe Minute eine Wachablösung auf dem Gemeinplatz abhalten, lernt auch der Mensch daraus". Meine Verehrung, sagen in solchen Fällen die Österreicher.

Die Italiener

Wie lange es die Italiener wirklich gibt, ist in der Geschichte so wenig nachvollziehbar wie in der Gastronomie und Philosophie. Bis zum Erscheinen von Cavour, Mazzini und Garibaldi wußte man nur von Florentinern und Milanesen, von Napolitanern und Pisanern, Leuten aus der Toscana und Männern im Vatikanstaat, von Pizzabäckern, Feinkosthändlern und Maccaronifreunden oder von Dante Alighieri, dem Allergrößten, den man meistens Alitscheri aussprach. Heutzutage sind zwar eigentlich alle Italiener Philosophen, da aber viele Deutsche gern in Italien Ferien verbringen oder zu Hause zum Italiener gehen, sollte man wenigstens einige Namen vormerken, waren sie nun aus Florenz oder Ravenna, aus Mailand oder Rom.

Die alten Römer und die mittelalterlichen Philosophen, die irgendwo in Paris, Bologna, Melun, Aachen oder Canterbury lehrten, können wir dabei schon weglassen. Die meisten kennt auch kein Mensch mehr. Wenn man einem gebildeten, mehr linksorientierten Italiener seine Hochachtung ausdrücken will, deutet man am besten *Gramsci* an und fragt dezent nach der Schule von Padua und *Antonio Negri*, der vom Katheder abrutschte, in den Untergrund geriet und von den Roten Brigaden als Lehrmeister benutzt wurde. Ganz sicher ist man in jedem Fall mit Dante, obwohl er in der genialen „Göttlichen Komödie" bei seiner Beschreibung des Paradieses nur den Heiligen Franziskus erwähnt, aber den ebenso guten Antonius von Padua vergessen hat. Vielleicht war dieser ihm auch nur zu gelehrt, zu gescheit einfach. Das kommt freilich immer wieder und in den besten Kreisen vor: so schrieb der bayerische Prinzregent Luitpold an den Rand einer Kabinettsvorlage zur Lehrerbildung ganz klar: „Macht mir die Lehrer nicht so gescheit!" Mit Ausrufungszeichen, weil er wußte, wovon er schrieb. Um aber noch einmal auf Franziskus und Antonius zurückzukommen: beide sind heute noch die größten Lebensphilosophen Italiens, der eine als Patron der Verlierer und Verleger, also derer, die etwas verlegt haben und nicht finden, der andere als Erfinder der Weihnachtskrippe, der freiwilligen Armut und des Welttierschutztages.

Wer nun aber wirklich in Italien nicht über San Antonio oder den Poverello von Assisi, Sophia Loren und Ornella Muti, über „volare cantare", Adriano Celentano und Mussolini, über Berlusconi und Inter Mailand, über Gamberi und Tagliatelle reden will, der möge sich doch einige italienische Gestalten näher ansehen. Es lohnt sich.

Niccolo Macchiavelli (1469–1527), Florentiner, Diplomat und Philosoph gilt als Begründer des Macchiavellismus, dieser wiederum als die Rechtfertigung einer von der Moral völlig losgelösten Machtpolitik. Wer politisch handelt, muß auch Böses tun, denn was zählt, ist nur der Erfolg. Mit solchen Sätzen kann man heute noch Parteiversammlungen oder Talkrunden in wohlige Schauer versetzen, obwohl dies schon Thukydides zur Zeit des Perikles so ähnlich gesagt hat, obwohl *Bacon* und *Herder* diese Philosophie verteidigten und *Hegel* mit Einschränkungen auch nicht abgeneigt war. Man muß ja nicht gleich auf *Nietzsche* kommen, der den Macchiavell als den „Typus der Vollkommenheit in der Politik" bezeichnet hat. Man weiß ja schließlich als gebranntes Kind des 20. Jahrhunderts, was man damit anrichten kann. „Il Principe",

Francis Bacon, 1561 – 1626

also „Der Fürst", heißt Macchiavellis Hauptwerk. Dagegen hat in Europa vor allem unser Preußenkönig Friedrich II., der bereits ein aufgeklärter Fürst war, mit seinem „Antimacchiavell" polemisiert. Je nach Lage kann man den Italiern ruhig diese deutsche Leistung kundtun, aber bitte Macchiavell niemals wie Matschiavell aussprechen, sondern mit hartem „ck" wie Hacke oder Macke.

Wenn Sie eine fest sitzende Schraube erst nach harter Anstrengung gelockert haben, ist der befreiende Satz überfällig: „Und Sie bewegt sich doch." Er stammt von Galileo Galilei aus Pisa (1564–1642), obwohl er ihn zum Beweis des kopernikanischen Sonnensystems gar nicht so gesagt hat. Er hatte trotzdem recht. Aber die Kirche hat ihn deswegen 1633 vor Gericht gestellt, zu lebenslänglicher Haft verurteilt, er mußte widerrufen. Aber man hat ihn nicht gefoltert, sondern standesgemäß in die Villa Medici und später in Siena eingewiesen und seinen eigenen Butler für den Service zugelassen. Er konnte sich frei bewegen. Lassen Sie sich da nichts Falsches erzählen! Vor dem Schiefen Turm von Pisa wird man Ihnen, falls er noch stehen sollte, gewiß über die Versuche mit dem Fadenpendel und die Fallgesetze mehr sagen.

Noch schlimmer als Galilei erging es dem Dichterphilosophen *Giordano Bruno*, der die Astronomie des *Kopernikus* mit seiner eigenen Metaphysik überwölbte und dabei mit den Statikern des Heiligen Offiziums in Konflikt geriet. Es ist unfaßbar, aber sie haben ihn in Rom anno 1600 auf dem Scheiterhaufen verbrannt. Das späte Bedauern hat uns nicht darüber hinweg getröstet.

Und dann ein ganz anderer Typ. Giacomo Girolamo *Casanova*, Chevalier de Seingalt, zu deutsch G. Jakob Neuhaus, (1725–1798); gilt gemeinhin als der globale Wandervogel, Abenteuerer, Aufreißer, Verführer, als Urtypus des Casanova, wenngleich seine Methodik in Marbella, St. Tropez und Hollywood längst umstritten ist. In Venedig muß man natürlich die Geschichte von der kühnen Flucht über die Bleikammern genießen, in Köln die Verführung der Frau Bürgermeisterin verabscheuen und allüberall über die Geheimnisse seiner Erfolge nachsinnen. Aber *Casanova* war nicht nur der geliebte Luftikus und Schwindler, er konnte auch anders. Der unentwegte Wandersmann durch die Betten des damals bekannten Europa war auch als Denker ein genialer Dilettant. Er kannte persönlich den Philosophen *Voltaire* und Friedrich den Großen, er war Bibliothekar des Grafen Waldstein auf dem böhmischen Schloß Dux, wo er auch seine Memoiren schrieb. „Histoire de ma vie", französisch, gescheit, mehr soziologisch als biologisch im Ansatz, ist mehr als eine Unterweisung im Tonsatz der Erotik. Es ist eine erstklassige kulturgeschichtliche Quelle. Das müssen Sie auch den Damen sagen, wenn vielleicht die eine oder andere im Vorbeigehen den Namen des Autors liest und falsche Schlüsse ziehen könnte.

Stefan Zweig hat die wahren Worte über den berühmten Venezianer geschrieben: „Man kann ihn verachten wegen mangelnder Moral und geringen sittlichen Ernstes, man kann ihn widerlegen als Historiker und desavouieren als Künstler. Nur eines kann man nicht: ihn wieder totmachen."

Die Italiener philosophieren unentwegt weiter, hart am Kommunismus oder Faschismus entlang schrammend. Einer der letzten war *Benedetto Croce* (1866–1952), der ohne Studienabschluß nach Gutsherrenart philosophierte und 1943 in den großen Wirren Italiens Parteivorsitzender der liberalen Partei und 1944 Minister wurde. Nicht zu unterschätzen auch der Schauspieler Marcello Mastroianni, der die tiefgründige Frage in die Welt geworfen hat, warum wohl eine Frau zum Ausziehen nur halb soviel Zeit wie zum Anziehen braucht, wo doch die Handgriffe die gleichen wären. Die Antwort kennt nur der Wind, und der Wind kann nicht lesen. Marcello hat die Antwort nicht mehr erlebt.

Die Franzosen

Sie haben Butterküche, Schmalzküche und Ölküche, den Atlantik im Rücken, die Pyrenäen im Süden und den Rhein im Osten. Sie haben Napoleon und Brigitte Bardot, Bordeaux, Burgund und

Côte du Rhone, Gänseleber, Gotik und Moulin Rouge, Eiffelturm und die Fremdenlegion. Sie haben eigentlich alles. Sie haben aber auch die Sorbonne, das Quartier Latin schon seit dem philosophischen Mittelalter und eine große Philosophie, um die sie allerseits beneidet werden.

René Descartes (1596–1650), Mathematiker und Naturforscher, gilt als der eigentliche Begründer der modernen Philosophie. Sein Lebensweg ist bemerkenswert und auch in Deutschland leicht zu merken. Er ist nämlich in La Haye geboren, wo heute das umstrittene Atomkraftwerk steht, das auch nach Deutschland liefert. Er war Jesuitenschüler, was heutzutage nicht mehr so gern in Lebensläufe geschrieben wird, höchstens von Querdenkern, die sich noch damit brüsten. 1618, als der Prager Fenstersturz stattgefunden hatte und der Dreißigjährige Krieg ausbrechen konnte, trat er in den Militärdienst ein, was neuere Dichter und Denker nicht so gern haben, und kam dabei auch nach Deutschland, was aber viel freundlicher als 1918 und 1945 geschah. Am 10. November 1619, also einen Tag vor Martinstag oder Eröffnung der Karnevalssession, hatte er die Erleuchtung für seine ganz neue, von der Scholastik abrückende, mathematisch begründete Naturwissenschaft. Dies geschah seltsamerweise in Ulm, was schließlich die Geburtsstadt von Albert Einstein ist. Bald quittierte er den Militärdienst, reiste schließlich acht Jahre ohne Bafög und Stipendium zu Forschungszwecken durch Europa und ließ sich schließlich wegen des guten geistigen Klimas in den Niederlanden nieder.

Descartes arbeitete zunächst an den erfolgreichen Methoden der Erkenntnis und forderte das klare und deutliche Bild der Wirklichkeit, das war schon einmal gut. Er stieß dann in kühnen Schritten und vielen Veröffentlichungen zum Thema Welt und Gott und zur zentralen Frage des Bewußtseins vor. In dieser Gegend fällt auch jener Satz, der ihn unvergeßlich gemacht hat: „Cogito ergo sum" – ich denke, also bin ich" Von dieser sicheren Basis des Selbstbewußtseins aus muß alles andere zwischen Himmel und Erde bewiesen werden. *Descartes* fing also nicht mit der

Metaphysik, sondern mit der Erkenntnistheorie an. Er war ein Bahnbrecher. Dafür waren ihm seinerzeit viele Philosophen dankbar.

Ein Bahnbrecher noch größeren Ausmaßes war *Jean-Jacques Rousseau* (1712–1778), eigentlich Schweizer aus Genf, Halbwaise und gelernter Kupferstecher, mindestens zehn Jahre lang Autodidakt, lebte in Venedig und Paris, hatte fünf Kinder, philosophierte trotzdem weiter.

Er fragte sich wohl zunächst selbst und dann die ganze Wissenschaft, ob die Kunst zur Läuterung der Sitten beitragen könnte. Die Ergebnisse bedeuten eine sehr pessimistische Diagnose seiner Zeit und gehen stark in den Bereich der Soziologie über: der Fortschritt an Kunst und Wissenschaft ist ursächlich mitverantwortlich für den Zerfall von Sitte und Moral. Er dachte über einen unverbrauchten Naturzustand der Menschheit

**Jean Jacques Rousseau,
1712 – 1778**

nach. „Auf die Bäume, Ihr Affen", hört man aus dieser Richtung gelegentlich schon in der Rekrutenausbildung oder im ersten Semester Staatsrecht. Der „Discours sur les sciences et les arts" wird preisgekrönt. In einem zweiten Discours über Ursprung und Gründe der Ungleichheit unter den Menschen schlug *Descartes* bereits das politische Thema der Zeit an, das im „contrat social" 1762 kulminierte. Dem gemeinsamen Willen ordnet sich der einzelne in freier Entscheidung unter, und der Staat garantiert in Folge die Freiheit aller, arbeitete *Descartes* sehr klar heraus. Man muß es mit bloßem Auge erkennen, daß er der Chefideologe der Französischen Revolution wurde, aber vielleicht wäre sie auch ohne ihn ausgebrochen. Wegen seiner Freude am Naturzustand, an Wasser, Bergen und Wäldern verdankt ihm auch der spätromantische und moderne Fremdenverkehr außerordentlich viel.

Vergessen sollte man darüber nicht, daß *Descartes* im Alter an Verfolgungswahn litt und nach dem Beispiel des *Augustinus* seine „Confessions" schrieb. Er hatte genug vom harten philosophischen Lebenswerk und schrieb auch noch die melancholischen „Träumereien eines Spaziergängers“, die aber erst nach seinem Tod erschienen.

In den Bereich der Aufklärung und der modernen Staatsphilosophie gehört *Montesquieu*, genauer gesagt Charles de Secondat, Barton de la Brede et de Montesquieu (1689–1755). Er formuliert in seinem Hauptwerk vom Geist der Gesetze (De l'esprit des lois) den Begriff der Gewaltenteilung, der zunächst für die amerikanische Verfassung grundlegend wurde und seitdem nicht mehr aus dem politischen Denken verschwunden ist. Originell in dieser Staatslehre ist nicht eine kalte Funktionalität der verschiedenen Gewalten, sondern die differenzierte Berücksichtigung von sozialen, wirtschaftlichen, religiösen und sogar klimatologischen Verhältnissen in den jeweiligen Gebieten und Verfassungen. Die Republik läßt sich am besten in einer Stadt, die Monarchie in einem mittelgroßen Land und die Alleinherrschaft oder Despotie am besten in einem großen Reich einrichten, meinte *Montesquieu*, selbstverständlich unter Berücksichtigung von politischer Freiheit. Darüber kann man heute auch noch nachdenken.

Voltaire, Descartes, Rousseau, Montesquieu, Sartre, das Sein und das Nichts: Die Franzosen haben der Welt viel gegeben und manches genommen. Dabei haben sie noch den frommen Blaise Pascal, für den nur der Glaube an Gott die Skeptiker widerlegen und Sinn stiften kann. Sie haben Auguste Comte, der wegen Teilnahme an Studentenunruhen schon 1816 von der Uni flog und später so positiv dachte, daß er Begründer des Positivismus wurde. Sie haben Alexis de Tocqueville, der

Charles de Montesquieu, 1689 – 1755

das demokratische Bewußtsein Amerikas beschrieben und die nachrevolutionäre Entwicklung in Frankreich so beispielhaft analysiert hat, daß er auch in Deutschland oft zitiert wird. Sie haben Bergson, der den elan vital erfunden hat, aber nichts mit der Kraft der zwei Herzen zu tun hat. Sie haben Maritain und Marcel und die Gewißheit, daß auch Atheisten sterben müssen. Gide und Mauriac, Claudel und Teilhard de Chardin, Lyotard. Derrida, Foucault, Glucksman und Garaudy, wechselhafte Tagesphilosophie und Grabenkriege, Modephilosophie und Levi Strauß; dieser ist aber nicht zu verwechseln mit dem deutschen Literaten Botho Strauß oder mit dem Religionsphilosophen David Friedrich Strauß, der mit seinem „Leben Jesu" Schwierigkeiten hatte; er ist auch nicht Erfinder der Jeans, das war der Herr Strauß aus Buttenheim in Oberfranken. Sagen Sie das ruhig, heutzutage tragen auch junge Frauen gern Jeans zur philosophischen Selbstverwirklichung, manchmal sogar lieber als Bücher.

Die Franzosen haben immer wieder neue Erreger und Anreger. Warum das so ist, wird man fragen. Vielleicht ist es so, weil sie seit Verzingetorix, den Caesar bekanntlich nicht richtig kleinkriegte, einen aufsässigen Geist und gallischen Esprit haben. Weil sie mit Asterix und Obelix, mit Butterküche, Schmalzküche und Ölküche, mit Bordeaux und Burgunder in gesicherten Grenzen und gesundem Klima pluralistischer und weniger risikoreich philosophieren, auch wenn sie Spuren von Dynamit im Blut haben. Weil sie eine anregende Hauptstadt und eine wirkliche *classe politique* haben, die von Philosophen, Historikern, Künstlern und Dichtern, von immer neuen Verlegern, Einmannbetrieben und Zeitschriften beschäftigt und stimuliert wird. Irgendwie ist das mit der Grande nation doch nicht militärpolitisch bedingt, wie man gelegentlich hört.

Falls jemand in Gesellschaft jetzt noch eine aktuelle französische Trumpfkarte ziehen möchte, dann vielleicht eine zum Nachleben *Voltaires*. Kein Geringerer als Leonard Bernstein hat dessen Erziehungsroman „Candide" in einem köstlichen Musical vertont und im Dezember 1989, kurz vor seinem Tod, in London die Uraufführung dirigiert.

Die Urlaubsländer

Weil die Zeit etwas drängt, lassen Sie uns die freundlichen Nachbarn in Kürze zusammenfassen:

Die Schweiz hat die Kuckucksuhr, das Militärfahrrad und das Nummernkonto erfunden. Das müßte schon zur Unsterblichkeit genügen. Aber sie haben schon vor *Rousseau* den Wilhelm Tell als Freiheitskämpfer und beide als Väter der Französischen Revolution hervorgebracht. Pestalozzi wurde allen Europäern als Urtyp aller Pädagogik zuteil. Später ging der Stern von C. G. Jung auf, der sich von Freud und der Psychoanalyse lossagte und mit aller Deutlichkeit den Verfall von Symbolen und Traditionen beklagte. Der Rationalismus habe die Fähigkeit der Empfindung zerstört, der Preis für die Auflösung sei die weltweite Desorientierung und Zersetzung, schrieb er 1961 kurz vor seinem Tod. Die Schweizer haben in der Neuzeit mehr Dichter als Philosophen, aber sie haben auch Lübbe und Binswanger. Danke, Schweiz!

Holland gilt in unserer Neuzeit als das Land der Matjes und der Showmaster. Beide werden jedes Jahr in Unmengen an Land gespült. Holland – korrekt müßte man ja Niederlande sagen – hat viele gute Schriftsteller und Maler, aber meistens nur eine Königin und einen Philosophen zum Vorzeigen. Es ist der große Humanist *Erasmus von Rotterdam*, der das Neue Testament herausgegeben hat, wegen seiner kritischen Theologie aber auch Wegbereiter der Reformation wurde. Sein „Lob der Torheit", ein früher Narrenspiegel, wurde sein erfolgreichstes Werk und ist letztlich doch ein früher Hinweis auf die Nation der ständig lachenden Showmaster und Entertainer. Er hat übrigens

Erasmus von Rotterdam, 1469 – 1536

schon damals zum Anlegen von Gemeinplätzen geraten, was freilich für einen richtigen Philosophen wie unsereins unmöglich ist, weil auch ein Hund keinen Wurstvorrat anlegen kann. Die Holländer hätten noch einen zweiten Vorzeigephilosophen, den freilich auch nicht alle so leidenschaftlich gern vorzeigen. Es ist

Baruch de Spinoza. 1632 im Getto von Amsterdam geboren, im Talmud unterwiesen, wurde Rabbiner und lernte nebenbei das Handwerk eines Glaslinsenschleifers. Studierte dann Naturwissenschaften, las *Descartes* und *Hobbes*, geriet als introvertierter Denker in die Schweigespirale und den Verdacht seiner Glaubensgenossen. Wurde 1657 aus der Synagoge ausgeschlossen, ernährte sich mühsam als Optiker. Die meisten Werke, die im übrigen nicht ganz leicht zu lesen sind, wurden erst nach seinem Tod publiziert.

Spanien hat die meisten deutschen Touristen im Land, die häufig mehr nach Freiheit als nach Sitte im Schillerschen Sinn streben und somit auch wenig an Philosophie interessiert sind. Vielleicht müßte man gerade deshalb *Ortega Y Gasset* neu entdecken und sein berühmtestes Werk vom „Aufstand der Massen" neu interpretieren. Er war Professor für Metaphysik in Madrid, stark von der deutschen Philosophie, von *Nietzsche, Dilthey* und *Heidegger* beeinflußt. Stand im Bürgerkrieg auf Seite der Republikaner, ging ins Exil und kehrte 1948 zurück.

**Søren Kierkegaard,
1813 – 1855**

Dänemark ist ein offenes freundliches Land, aber es birgt auch neben dem Grab Rudi Dutschkes viele tiefe Geheimnisse. Eines davon ist das Leben seines größten Philosophen, des *Søren Kierkegaard* (1813–1855). Lag auf seiner Familie ein Fluch? Hatte der Vater als Hirtenjunge Gott verflucht oder sich noch vor Ende des Trauerjahres für seine Frau mit einem Dienstmädchen eingelassen? Hatte er außergewöhnliche sexuelle Probleme und kein Glück in der Liebe? War er depressiv veranlagt? Darüber läßt sich munter diskutieren, aber die Größe des tiefgründigen Philosophen kommt dabei natürlich nicht recht ans Licht. Es sind Gedanken über Ästhetik und Ethik, über Existenzfragen und Erkenntniswege. *Kierkegaard* hat auch festgestellt, daß der Humor im Gegensatz zur Ironie, der Versuch ist, sich selbst und andere mit dem Dasein zu versöhnen. Als Pessimist aber glaubte er nicht daran, auch nicht an die Nützlichkeit des Journalismus, worüber er einen seiner schönsten Sätze geschrieben hat: „Wenn ich eine Tochter hätte, von der ich wüßte, daß sie verführt würde, sie würde ich nicht aufgeben. Wenn ich aber einen Sohn hätte, der Journalist würde und dies länger als fünf Jahre bliebe, ihn würde ich aufgeben."

Was soll man dazu noch sagen? „Schau mer mal", sagt in solchen Fällen der abwartende Analytiker Franz Beckenbauer.

Was in der Sowjetunion und in Moskaus Satellitenstaaten von 1917–1989 gedacht und geschrieben wurde, haben wir nur sehr bruchstückhaft wahrnehmen können. Die Tschechen hatten viele tapfere Philosophen und Dichter, von denen Thomas Masaryk nach dem Ersten Weltkrieg Präsident des frischgestrickten Staates und Vaclav Havel nach dem kommunistischen Ende Staatspräsident des freien Landes wurde. Die Polen hatten auch nicht nur *Kopernikus*, den sie als den ihren reklamieren, sondern Kolakowski, mutige Professoren, Theologen und Schriftsteller. Der aufregendste und bekannteste von allen politischen Philosophen im Osten war sicher *Georg Lukacz* (1885–1971), kein blasser Theoretiker, sondern draufgängerischer Philosoph mit großen

Kopernikus, 1473 – 1543

Wandlungen. Er war 1919 Mitglied der ungarischen Revolutionsregierung, lebte dann in Wien und Moskau, seit 1944 Professor in Budapest, 1956 Teilnehmer am ungarischen Volksaufstand gegen die sowjetische Besatzungsmacht. Ein Schicksal, das die schicksalhafte Schwierigkeit zwischen Geist und Macht illustriert.

Von den Seychellen, Balearen, aus dem Ötztal, den Ardennen und anderen Urlaubsgegenden liegen keine konkreten Nachrichten über örtliche Philosophie vor.

Amerika und der Rest der Welt

Jetzt wird die Sache kritisch. Wer ging nicht alles nach Amerika, wer war Amerikaner oder dachte und schrieb nur mit Wissen und Willen Amerikas? Mein Gott, wen müßte man da außer Santayana, Einstein und Siegmund Freud, neben Thomas Mann und Henry Kissinger, neben Carl Zuckmayer und Alfred Döblin, neben *Popper*, Hans Reichenbach und *Hannah Arendt, Adorno* und *Horkheimer* alles aufzählen! Vielleicht wäre es gut gewesen, wenn auch *Heidegger* 1933 einen Einreiseantrag gestellt hätte. Vielleicht wäre es besser gewesen, wenn Herbert Marcuse im Dienst des amerikanischen Geheimdienstes geblieben und nicht nach Deutschland zurückgekehrt wäre. Spanier, Österreicher, Italiener und andere, die in der Heimat nicht mehr gelitten waren, fanden in Amerika Heimatrecht und Gedankenfreiheit, hinterließen in Europa tiefe Lücken und belebten den melting pot von Princeton, Harvard und Columbia. Aber so wie es eine eigene amerikanische Musik und Literatur gibt, gibt es längst eine amerikanische Philosophie. Der Pragmatismus der amerikanischen Philosophie wird bei uns in Europa noch nicht so recht wahrgenommen. Und dabei philosophieren sie jenseits des Ozeans mit der Superstring-Theorie weit über die Quantenphysik hinaus, sehen Materie und Kräfte als so etwas wie Musik auf schwingenden Saiten, denken weit über Einstein und die Dreidimensionalität des Raumes in neun oder mehr Dimensionen hinaus und schließen am Ende zwischen Naturwissenschaft und Philosophie ein ganz neues Tor zu dem auf, was wir Jenseits nennen.

Wer wagt es, diese in unserem Jahrhundert der Unübersichtlichkeit darzustellen, wenn man schon kaum mehr Notiz davon nimmt, wenn der Philosoph *Thomas Hales* endlich die These Keplers von den Kugeln im dreidimensionalen Raum bewiesen hat. Außerdem tun wir uns ja alle schon schwer, wenn wir die Relativitätstheorie von *Einstein* noch an die Tafel schreiben sollen oder Hans Jonas nach Deutschland kommt, von dem wir auch nicht genau wissen, ob er ein Deutscher oder ein Amerikaner ist. Ein Gastsemester drüben könnte uns allen gut tun. So long.

Manchmal ist man glücklich, ein Deutscher zu sein. Manchmal ist man aber auch froh, daß man verwandt, verschwistert und verschwägert ist, demzufolge im Geist unserer Strafprozeßordnung nicht vereidigt wird, nicht aussagen muß und schon gar nichts, was gegen einen selbst verwendet werden könnte. Ergo ist man hin und her gerissen und schwankend wie die schwankenden Gestalten, die Goethe im „Faust" sicherheitshalber voraus auf die Bühne geschickt hat. Deutsch sein heißt eben die Sache um ihrer selbst willen tun.

Damit wäre ich zwar unerwartet rasch bei Richard Wagner gelandet, was ich gar nicht wollte. Aber man sollte es wissen, daß er in jungen Jahren, also bevor er bei der Dresdener Revolution als Meldegänger eingesetzt war, auch ein großer Philosoph oder wenigstens ein berühmter Revolutionär hätte werden können. Er hatte eine ungeheuere erotische Komponente, wie wir von Cosima und aus seinen Opern wissen, was man wiederum von *Immanuel Kant* oder *Schopenhauer* nicht behaupten kann. Er hat vor allem mit heißer Feder sehr gut geschrieben, fast so gut wie *Nietzsche* und Bismarck und andere Koriphäen seiner Zeit, was man von seinen Operntexten nicht mehr behaupten kann. Weil er aber aus Sachsen abhauen mußte, überhaupt kein Geld besaß und auch noch in die Fänge von Frauen geriet, fand seine Revolution in der Musik statt.

Die deutsche Philosophie begann spätestens bei *Nikolaus von Kues*, der ein überaus gescheiter Mann war. Später hatten wir *Melanchthon, Hans Sachs* in Nürnberg oder *Martin Luther* in Wittenberg, die man vor allem wegen ihrer kräftigen Sprache heute noch gern liest und häufiger zitieren sollte. Was dann aber später kam, ist fast unüberschaubar. Vielleicht war einfach unser kaltes Klima, die schlecht geheizten Räume und das dürftige Freizeitangebot schuld am vielen Denken. Wir hatten Idealisten, Utopisten und Sozialisten, was oft die gleiche Handschrift war. Wir hatten Aufklärer und Abklärer, Optimisten, Pessimisten und Existentialisten, Lessing, Schelling, Fichte, Schleiermacher, *Kant* nebst Kantianern und Neukantianern und Hegelianern, Ontologen und Phänomenologen, Strukturisten, Konstruktivisten und Dekonstruktivisten, unter denen man sich den nachgeborenen Franzosen Derrida als Erfinder und Philosoph der neuen Beliebigkeit merken muß. Der philosophische Reichtum sollte eigentlich glücklich machen, aber er ist auch verwirrend. Wer hier so tut, als ob er wirklich alles wüßte, der muß mit Ulrich Wickert von der ARD-Tagesschau getröstet werden. Er hat schließlich nicht nur den ganzen Reichtum der französischen Käsesorten au point oder al dente analysiert, sondern als erster seit Franz von Assisi und *Immanuel Kant* festgestellt, daß der Redliche der Dumme ist. Seine berühmte normative Tugendlehre hat zwar auch schon Löcher, aber er hat es gesagt.

Vielleicht nähern wir uns diesem deutschen Phänomen der Unübersichtlichkeit am besten induktiv mit dem schon erwähnten Spiel „Stadt, Land, Fluß" und dem Anfangsbuchstaben H an. Da tut sich einiges auf, was sich schon im Alterum angekündigt hat, weil man damals schon *Heraklit* den Dunklen genannt hat. So könnte es auch bei uns infrastrukturell geblieben sein

Edmund Husserl zum Beispiel. Lachen Sie nicht gleich, wenn sie bei Nennung dieses verdienten Namens gleich nach der Bonbonfabrik gefragt werden. Die Sache hat schon einen Hintergrund, wie wir von Edith Stein, der Breslauer Schülerin und Freiburger Assistentin des Meisters, wissen. Bei ihrer letzten Silvesterfeier zu Hause vor Studienbeginn hat man ein Scherzgedicht vorgetragen, das schon mit dem Namen des Meisters spielt:

> *„Manches Mädchen träumt vom Busserl,*
> *Edith aber nur von Husserl.*
> *In Göttingen wird sie sehn*
> *Den Husserl leibhaft vor sich stehn."*

Husserl hat schwierige Texte geschrieben, aber auch wichtige Empfehlungen hinterlassen. Zum Beispiel: Jede Erkenntnis im alltäglichen wie im philosophischen Sinn beginnt mit dem konse-

quenten Abstrahieren von jeder vorgefaßten Meinung. Einverstanden.

Georg Friedrich Willhelm Hegel (1770–1831), Schwabe aus der
Tübinger Schule und deshalb zum Philosophen vorbestimmt.
Mein Gott war der gescheit, tief bohrend und fleißig. Wie schon
gesagt, hat er als Redakteur in Bamberg nebenbei die berühmte
„Phänomenologie des Geistes" vollendet und redigiert, als gerade
der Kanonendonner aus der Schlacht von Jena verklang. Es handelt sich hier, grob gesagt, um die Geschichte des Selbstbewußtseins in ihren mit innerer Notwendigkeit aufeinanderfolgenden
Entwicklungsstufen. Sein zweites Hauptwerk „Die Wissenschaft
der Logik" folgte 1817. Professor wurde er dann
1818 in Berlin, 1829 Rektor. Er war führender
deutscher Philosoph des abstrakten Denkens
und deshalb schwer lesbar. „Das Fürsichsein
hat ein Fürsichsein zum Gegenstande". Na
also Es gab einmal einen deutschen Verleger, der
alle Vierteljahre in seinem geschätzten Blatt
einen Artikel haben wollte, den keiner versteht. „Das schafft Ansehen bei den
Lesern", sagte er unternehmensphilosophisch korrekt. Lassen Sie sich auch die

**Georg W. F. Hegel,
1770 – 1831**

Sache mit der These, Antithese und Synthese gut erklären, Sie
können damit immer noch brillieren, wenn jemand zu aufdring-
lich mit *Karl Marx* und dem auf den Kopf gestellten *Hegel* kommt
und beide für die größten Verführer hält. Es paßt auch, wenn
einer mit der „coincidentia oppositorum" bei *Nikolaus von Kues*
anfängt. Man hat übrigens gesagt, daß *Hegel* den Staat zu Gott
gemacht hätte. Wenn dies so wäre, müßte aus einem Schwaben
ein Preuße geworden sein. Ob das sein mußte? Das ist eine Frage
der Geschichtsphilosophie, in der *Hegel* sehr beschlagen war und
mit der er über den Tellerrand der hausgemachten Probleme hin-
aussah. Berühmt ist sein Durchblick nach Amerika: „Amerika ist
das Land der Zukunft ... es ist ein Land der Sehnsucht für alle die,
welche die historische Rüstkammer des alten Europa langweilt."

Ist es einWunder, daß Whitman schon im 19. Jahrhundert ausrief: „Only *Hegel* is fit for America – is large enough and free enough ...“

Friedrich Hölderlin (1770–1843), Tübinger Kommilitone von *Hegel* und *Schelling*, in sich gekehrt und von weichlicher Unmännlichkeit, wie man damals schon bemerkte. Philosophisch aktiv als Kritiker seines Lehrers Fichte in Jena, von Schiller freundlich aufgenommen, an einer Dozentur dort selbst gescheitert. Dann Hauslehrer im Haus des Bankiers Gontard in Frankfurt, wegen irrationaler, aber offensichtlich irreparabler Gefühle zur Hausfrau Susette schließlich kalt verabschiedet. In seinen späten Lebensjahren mehr Dichter, seinen Gestalten Diotima, Hyperion und Empedokles immer näher gekommen, genial bis schwer verstehbar, weil umnachtet. Ein Dunkler aus Deutschland.

Johann Georg Hamann (1730–1788), geboren in Königsberg, leidenschaftlicher Gegner der Aufklärung. Betonte die Sprache als Fundament der menschlichen Wirklichkeit. Wirkte auf *Herder*, *Hegel* und den jungen Goethe.

Johann Friedrich Herbart (1776–1841), wieder einer aus der starken Königsberger Ecke. War Psychologe und Pädagoge. Nachfolger *Kants* in Königsberg.

Johann Gottfried Herder (1744–1803), wiederum aus der Königsberger Seilschaft, Student bei *Hamann* und *Kant*. Kritisch gegen diesen: Ohne die Sprache gibt es keine Vernunft. Ist kategorisch, wenn man an den alten *Boethius* denkt, der das Wort für eine durch die Zunge bewegte Luftbewegung hielt! *Herder* war sehr stark in Ethnologie und Philosophie. War weit gereist und sehr belesen. Dompfarrer in Riga, Begegnung mit Goethe in Straßburg, 1776 Generalsuperintendent in Weimar. Wichtiges Werk über Völker und Zeiten „Ideen zur Philosophie der Geschichte der Menschheit" (1791).

Humboldt und *Helmholtz* müßte man besser kennen, ebenso wie *Nicolai Hartmann* und *Havemann*, den Philosophen der DDR, den die Stasi so eifrig beobachtete. Und vor allem die Großen wie *Werner Heisenberg* oder *Carl Friedrich von Weizsäcker*, die von der Physik zur Philosophie kamen, im dominanten soziologischen Stimmengewirr unserer Jahre freilich nur schwer wahrzunehmen waren. Aber die Zeit drängt und Sein ist Zeit. Also muß man zwangsläufig zu *Heidegger* kommen, was gar nicht so einfach ist.

Martin Heidegger (1889–1976), Schwarzwälder, deshalb Student in Freiburg, dort Assistent von Husserl, 1923–1928 Professor in Marburg, was nach Königsberg, Tübingen und Jena die neue Ideenwerkstatt war. Kollegen waren Friedländer, der Neukantianer Natorp und Bultmann, der vielen Pastoren und nicht nur diesen erhebliche Probleme mit seiner biblischen Entmythologisierung auflud.

Martin Heidegger, 1889 – 1976

Was muß man als anständiger Deutscher heute von *Heidegger* wissen? Nun, er war stark beeindruckt von dem Dänen *Kierkegaard*, schrieb 1927 „Sein und Zeit" und wurde Existenzphilosoph, der mit seiner Begrifflichkeit vom Sein und vom Seienden auch wohlmeinende Menschen verschreckte: „Das Dasein ist ein Seiendes, das nicht nur vorkommt, sondern ein Seiendes, dem es in seinem Sein um dieses Sein selbst geht" und so weiter. Wenn Sie diesen Satz mit Fliege, Jeans und Gauloise in einer Gesellschaft auswendig aufsagen, sind Sie für den Rest des Abends King, selbst wenn Arnold Schwarzenegger oder Brad Pitt anwesend sein sollten. Wenn Sie dann noch etwas vom „Werfenden im Entwerfen" oder der Verworfenheit des Seins drauf haben, werden möglicherweise auch Damen hellhörig. So etwas mögen sie, etwas richtig Dunkles und Geheimnisvolles wie ein Parfum auf Ambra-Basis oder Musik vom späten Alban Berg.

Um aber *Heidegger* die Ehre zu geben und dem Sein und der Zeit ihr Recht zu tun, muß man auch feststellen, daß jetzt jedes Jahr durchschnittlich ein bis zwei Bücher über ihn geschrieben werden, in denen meistens seine Freiburger Rektoratsrede von 1933 und sein Verhältnis zum Nationalsozialismus durchleuchtet wird. Mit unermüdlicher Waschkraft laufen die Maschinen, die Schleudergänge sind in voller Funktion. Man sollte sie auslaufen lassen und abwarten, bis das ganze Lebenswerk zum Trocknen auf den deutschen Wäscheleinen des Geistes hängt.

Die Franzosen denken da anders. Der gescheite Joseph Rovan hat jüngst in seiner „Geschichte der Deutschen" einen festen Platz für *Heidegger* im Pantheon des Denkens reserviert.

Heiße Frankfurter
In den sechziger Jahren wurde Deutschland plötzlich von etwas befallen oder sogar überfallen. War es ein fiebriger Schüttelfrost, der die alten Früchte von den Bäumen schüttelte? Ein schlechtes Bild. Oder eine Schüttellähmung? Auch nicht hinreißend. War es ein mittleres Erdbeben, dessen Trümmer heute noch herumliegen? Eine Kreislaufstörung oder ein intellektueller Störfall? Oder nur ein gewaltiges Durcheinander von Instrumenten ohne Partitur? Supergau in Gehirnen oder bürgerliche Vitalisierung im Zellenverfall? Mit einem Male kamen jedenfalls die Hippies aus Amerika und die langen Haare aus eigener Zucht. Der Steppenwolf schnurte durch Redaktionen und Funkhäuser. Die Rolling Stones sangen von notwendiger Aufsässigkeit gegen die bürgerliche Ordnung, und die Fortgeschrittenen reagierten in sexuell befreiten Wohngemeinschaften den Frust an der wirtschaftlichen Prosperität der älter werdenden Republik ab. Aufbegehren gegen den Vietnamkrieg. Rudi Dutschke predigte die Revolution und wurde tödlich verletzt. Jede Menge Tabubrecher, feministisch und ökologisch, manche mit Pistolen oder Handgranaten. Ekstatisch singende Drogengitarristen mit garantierter Bewußtseinserweiterung für verdrossene Hohlkörper. Der Blechtrommler spielte Katz und Maus. Nicht nur die Theologen von Nassau tendierten stark in die Kommunistische Partei. Und Heinrich der Gute aus Köln trat als amtierender Visionär mit edlem Sinn und schwerem Fuß in fast alle bereitstehenden Fettnäpfe.

Wir hatten damals Philosophen, die in jenem kakophonischen concerto grosso links im Chor ihre starken Solostimmen erhoben und sich wunderten, daß die jungen Leute ihre Theorien nicht nur mitsangen, sondern verinnerlichten und aktivierten. Sie gruben die Pflastersteine für die *action directe* aus und machten kaputt, was sie kaputtmachte.

Während sich gutbürgerliche Professoren ängstlich auf die Katheder begaben und auf den Einschlag von Eiern und Tomaten warteten, triumphierte die Frankfurter Schule mit ihren Satelliten in Göttingen, Berlin, Marburg und Hamburg sogar auf der Straße, und die Hauptabteilung Aufklärung in der DDR sah glücklich durch die Mauer. So hat schon lange keine Schule von Philosophen dominiert, falls es tatsächlich eine Philosophenschule gewesen sein sollte. Einige von ihnen oder ihre Ausläufer leben noch mitten unter uns.

Jürgen Habermas, geboren 1929, führt den Buchstaben H an. Das Jahrhundert der Unübersichtlichkeit hat er erfunden, weil er darein geboren wurde, darin lebte und arbeitete, reich gebildet in Geschichte, Psychologie, Ökonomie, vertraut mit Soziologie und deutscher Literatur. Sein Lebenswerk hängt auch noch nicht auf der Trockenleine der Weltgeschichte, aber man weiß doch, daß er von *Adorno* und *Abendroth* stark beeinflußt war, daß er *Horkheimers* Nachfolger in Frankfurt und Kristallisationspunkt der Frankfurter Schule wurde, die wiederum als Laboratorium für Propheten und Einflußmanager der Studentenunruhen von 1968 gehandelt wurden, die wiederum Politiker wie Daniel Cohn-Bendit und Joschka Fischer auf den unruhigen Frankfurter Pflasterstrand spülten. *Habermas* hat die Philosophie nie eng gesehen, sie war ihm ein Beitrag zum Diskurs der Wissenschaft, der wiederum wesentlicher Bestandteil der gesellschaftlichen Öffentlichkeit ist. Bei einem Oxforder Teegespräch über die Theorie des kommunikativen Handelns von *Habermas* soll ein Teetrinker seinen Nachbarn gefragt haben: „Verstehen Sie diesen Quatsch?", worauf der Angesprochene sich freimütig outete und bekannte „Nicht die Bohne". Kann aber auch sein, daß diese Anekdote nur eine britische Wanderanekdote oder ein operativ enthüllender Witz gewesen ist, den man so ähnlich auch unter dem Namen *Heidegger* erzählt hatte.

Max Horkheimer (1895–1973), Promotion über *Kant*, 1930 Professor in Frankfurt und Direktor des Instituts für Sozialforschung, wo auch *Adorno* arbeitete. Mußte als Jude und wegen seiner Marxismusforschung emigrieren. 1947 gemeinsam mit *Adorno* „Dialektik der Aufklärung" veröffentlicht.

Darin fragen sie zurecht, wieso eine so aufgeklärte Welt der Freiheit, Gerechtigkeit und Brüderlichkeit so in die Barbarei des Nationalsozialsmus und des Zweiten Weltkriegs geraten konnte. 1949 *Horkheimers* Rückkehr nach Deutschland, 1960 wieder Professor in Frankfurt und Begründer der „Kritischen Theorie". Die APO-Studenten nutzten diese als ideologischen Steinbruch für ihre Korrekturen des Gegebenen, für direkte Aktionen und politische Gewalt. Gleich neben der Frankfurter Wurstküche, in der ohne Vollmitgliedschaft auch *Herbert Marcuse* und *Ernst Bloch* mit neomarxistischen Zusätzen arbeiteten, sotten sie ihre heißen Frankfurter, die mit philosophischem Ketchup oder Mayo unter das studentische Volk gingen, welches in jenen Jahren den Muff in den Talaren nicht leiden konnte und die Demo erfand. *Horkheimer* distanzierte sich von dieser angewandten Philosophie.

Aber der Frankfurter Schoß ist immer noch ein wenig fruchtbar. Habermas hat sich nach der Asyldebatte im Bundestag einmal gründlich blamiert. 1986 hat er, der Platon der Frankfurter Schule, den sogenannten Historikerstreit gegen den Historiker Ernst Nolte vom Zaun gebrochen, der einer der namhaftesten Totalitarismusforscher war, aber angeblich vom Totalitarismus nichts verstand, weil er verbotswidrige Vergleiche zwischen Nationalsozialismus und Kommunismus anstellte. Das widersprach der political correctness, die manche Leute für die einzig zulässige Gebrauchsphilosophie halten. Der nicht mehr so junge *Habermas*, der zwischendurch Direktor an zwei Max-Planck-Instituten in Starnberg und München gewesen war, hat. diesen Streit verloren, sagen nicht nur die Franzosen. *Karl Popper* hatte beide Diktaturen schon 1946 (!) sehr präzise beschrieben und verglichen. Stalin und Hitler waren für ihn zwei Seiten der gleichen schrecklichen Medaille. Das drang freilich nicht bis nach Frankfurt.

Und was ist von der Frankfurter Schule geblieben? Während der Hitlerzeit war die gesamte Frankfurter Schule mit psychologischer Kriegführung, Propagandaleitlinien und Geheimdiensttätigkeit im Kriegseinsatz gegen Hitler-Deutschland. In den sechziger und siebziger Jahren sah es so aus, als ob sie mit antifaschistischem Einsatz und großem Einfluß auf Literatur und Medien gegen die neue, freie, konservative Bundesrepublik kämpfen müßten. Sie machten dem Staat sehr zu schaffen, wie einst *Sokrates*, *Giordano Bruno*, *Francis Bacon* oder *Thomas Morus*. Aber keiner der Frankfurter Philosophen wurde vorläufig festgenommen, verhaftet, verurteilt, verbannt oder verbrannt. Das sollte man zu Ehren der geschmähten Republik doch auch einmal aussprechen und als Triumph der Philosophie feiern. Die aufsässigen Neomarxisten wurden friedliche Bürger, die Anarchisten wanderten ohne Turnschuhe und schlechtes Benehmen durch die Institutionen, und die Utopisten machten Karriere mit Aktenkoffer, Schlips und Dienstwagen. Die Moralisierungsmaschinen wurden eingemottet. Der Weltanspruch endete am Main.

Der persische Schriftsteller Bahman Nirumand hat 1998 in der gewöhnlich gut informierten *ZEIT* geschrieben, daß die wahren, die moralischen Masters of the Universe in Hamburg und Frankfurt saßen, nicht in New York. So war es wohl lange Zeit. Jetzt ist es vorbei. Die Frankfurter Schule wurde nicht aufgelöst, nicht umgegliedert oder zerstört. Ihr Geist ist einfach verdunstet. Der Dunst lichtete sich zeitweilig im Spätsommer 1998, als der unermüdliche *Habermas* stundenweise im Bundestagswahlkampf erschien und zum Wandel rief. Abschwellender Bocksgesang.

Im Nachtrag zur Bereicherung der Debatte noch eine Anmerkung: Das meistverbreitete Lied im Revolutionsjahr 1968 war übrigens „Mama" vom lieben Jungen Heintje aus Holland.

Unter dem Buchstaben H hätten wir noch Friedensreich Hundertwasser zu bieten. Er ist zwar ein Österreicher und lebt derzeit in Neuseeland, aber er schreibt in Deutsch und wird es auch mit der Rechtschreibreform kaum mehr verändern. Er ist ein wahrer Künstler, Landschaftsarchitekt und echter Visionär mit Neigung zu den dunklen Seiten der Menschheit, stets bemüht um einen Friedensvertrag mit der Natur und um eine abfallfreie Welt. Er ist einer jener geforderten autarken Denker, der vielleicht die Philosophie der gescheiten Ratlosigkeit durch die philosophisch gestützte Kunst ablösen könnte. Seine naturbelassene Architektur der Farben, seine Philosophie der Hygiene oder der Fäkalienmanipulation ist eine revolutionäre Idee und der Beweis, daß man auch – Verzeihen Sie gütigst! – mit Scheiße Geld verdienen kann. Das konnte außer ihm im Ausschnitt allenfalls der deutsche Barde Helge Schneider mit dem Lied „Katzeklo". Nicht Katzenklo!

Was hat eigentlich Hindenburg gelesen?, hat Heinrich Böll einmal dankenswerterweise gefragt. Und was hat der gelesen, den der greise Feldmarschall mit dem Masurenblick vom Gefreiten zum Reichskanzler befördert hat? Sein Name fängt übrigens auch mit dem Buchstaben H an.

Man weiß nur, was er in jungen Jahren verschlungen, nicht verdaut hat und uns übergeben hat.

Dies einstweilen über die deutsche Philosophie an sich und als solches. Bevor wir uns den ganz Großen, Wirkungsmächtigsten und Folgenschwersten zuwenden, noch drei abschließende Fragen zum Preis der Nationen:

Haben auch die Bewohner der Inneren Mongolei eine Philosophie? Aber gewiß doch, bei dieser göttlichen Ruhe im Land und nahrhafter Stutenmilch. Hier können die Menschen noch richtig nachdenken

Haben auch die Eskimos eine Philosophie? Aber sicher, wo sie doch allesamt und sogar durch die Bank im Iglu einen kühlen Kopf haben.

Und wer gewinnt dann den Preis der Nationen? Favoriten, Tips und Wetten gibt es zu Genüge, aber es wird vernünftig sein, wenn wir die bisherigen Ergebnisse einem Computer anvertrauen und geduldig auf das Ergebnis warten. Computer sind heute die Lehrer und Vollstrecker der Wahrheit. Also hätte beinahe Zarathustra sprechen können.

Philosophen ohne Verfallsdatum

Wer sind nun wohl die wichtigsten Philosophen der Weltgeschichte oder die folgenschwersten im Guten wie im Bösen? Das ist wieder ein weites Feld, auf dem ich niemandem die Subjektivität des Urteils bestreiten möchte. Aber man kann ja ein paar Namen nennen.

Platon und *Aristoteles* gehören auf jeden Fall auf die Liste. Sie haben Europa einige Jahrhunderte mit Bildung versorgt. *Augustinus* sollte man nicht vergessen und schon gar nicht *Thomas von Aquin*, dessen Erkenntnistheorie die Katholiken heute noch nach siebenhundert Jahren singen, wenn sie denn singen: „Was dem Auge sich entziehet, dem Verstande selbst entfliehet, sieht der rechte Glauben ein ..."

Sind vielleicht die Utopisten die Nachhaltigen mit der Langzeitwirkung, also liebe Leute wie *Thomas Campanella*, *Savonarola*, *Thomas Morus* oder *Bakunin*, die das Heil entweder in einem vergangenen Goldenen Zeitalter ausmachen oder in einem Paradies der Zukunft zu finden hoffen und dann meist konsequent den bestehenden Staat auch umkrempeln wollen?

„Man arbeitet nur sechs Stunden am Tag. Geld gibt es nicht: Essen, Kleidung, Wohnung werden gestellt. Alle sind eine große Familie: Man ißt gemeinsam, Kleidung und Wohnung haben denselben Schnitt. Freizeit dient vor allem der Fortbildung: Jeden Morgen gibt es öffentliche Vorlesungen. Wer reisen will,

*braucht eine Erlaubnis. Ausreißer bestraft man mit Zwangs-
arbeit ..."*

Na, wer hat es gesagt? *Platon, Savonarola, Marx, Lenin,* Mao,
Ulbricht, die Kibbuzgründer in Israel, Geißler oder Blüm oder
die Dominikaner von Walberberg könnten es im Ansatz gewesen
sein. Dominikaner stimmt. Aber es war *Thomas Campanella*
(1568–1639), der im „Sonnenstaat" das Idealbild einer sozi-
alistischen Gesellschaft entwarf. Und was hatte er davon? Er
verbrachte ungefähr die Hälfte seines Lebens im Gefängnis.

Dem *Thomas Morus* erging es ja noch viel schlimmer,
wenn auch nicht wegen seiner utopisch-idealisti-
schen Philosophie. Es macht immer einen guten
Eindruck, wenn man seinen Staatsroman
„Utopia" mit vollem Titel zitiert. Also „De
optimo rei publicae statu, deque nova insu-
la Utopia" – also von der besten Staatsverfassung und der neuen Insel Utopia. Sein
europäisches Programm richtete sich gegen
die zersetzenden Kräfte von Neid und
Eitelkeit. Gelingen aber sollte alles nur
in strenger Monogamie. Wenn Sie diese
Bedingung zitieren, dann bitte erst die
Verhältnisse in der Gesellschaft abklären. Abends ist in der Regel
mit zunehmender Dunkelheit zu rechnen, warnt die Bundeswehr.

Thomas Morus, 1478 – 1535

Sind die Philosophen des ewigen Friedens vielleicht die folgenschwersten? Dann aber unbedingt *Immanuel Kant*s Rede vom
„Ewigen Frieden" und Clausewitz studieren. Beide untersuchten
vor allem die Voraussetzungen des Friedens, aber weiter gekommen sind wir eigentlich nur im neuen Europa. Der gescheite *Voltaire* hatte schon vorher seine pazifistischen Landsleute kritisiert
und die Toleranz als einzigen Frieden von Dauer reklamiert. „Die
fleischfressenden Tiere werden sich immer bei der ersten sich bie-
tenden Gelegenheit zerfleischen", schrieb er sehr realistisch und

pessimistisch unter dem Pseudonym Doktor Gutherz in seiner Schrift „Vom ewigen Frieden".

Wer in einer Fachdiskussion noch unverbrauchte Namen sucht, der kann den Böhmenkönig Georg von Podiebrad benennen, weil er schon 1453 ein Konzept zur Sicherung des Friedens zwischen den europäischen Völkern entwarf. Auch der niederländische Völkerrechtler Hugo Grotius hatte 1620, kurz nach Beginn des Dreißigjährigen Krieges, ein Standardwerk „De iure belli et pacis" geschrieben, das der Sicherung eines europäischen Friedens dienen sollte. Aber der Krieg dauerte noch 28 Jahre.

Waren die Vorbereiter oder Wegbereiter der Revolutionen die folgenschwersten? *Rousseau* vielleicht oder doch *Voltaire* und *Sartre*, *Bakunin*, *Marx* und *Engels*. Die Klassenlehrer und Rassenlehrer. Oder die Heiler der blutigen Revolutionen, Sacharow, Solschenizyn. Waren es Nihilisten wie *Nietzsche*? Oder Pessimisten wie *Spengler*? Wer die Ursachen der großen Entwicklungen in der Welt sucht, der wird an *Karl Marx* und *Friedrich Nietzsche* nicht vorbeikommen, nicht in Deutschland und ganz Osteuropa, in Rußland, China, Kuba oder Chile.

Das Kommunistische Manifest von *Marx* und *Engels* kann man vielleicht auswendig lernen. „Es geht ein Gespenst um in Europa" und so weiter. Den ganzen *Marx* aber konnten sie selbst nicht in der Sowjetunion oder in der DDR richtig aufsagen. Wenn Sie selbst jetzt nach dem großen Absturz der Ideologie etwas Interessantes vortragen wollen, dann lesen Sie seine frühen Leitartikel aus London, wo er den unaufhaltsamen Vormarsch des Zarenreichs kritisiert und zum Angriff auf Rußland rät. Es war schon seltsam, wenn sie später in Moskau immer bei den großen Paraden den bärtigen Großvater der Revolution mit Panzern und Raketen durch die Straßen trugen.

Wenn sie von hartnäckigen Verehrern des Trierer Philosophen in Einzelheiten bedrängt werden, dann sagen Sie einfach, Sie warten noch auf die neue dunkelblaue Ausgabe mit den 122 Bänden, die bis 2030 in Berlin erscheinen soll; dann könne man endlich richtig authentisch und ohne semantische oder hermeneutische Umwege philosophieren. Und wenn Sie mit den Neomarxisten, dem „Rethinking Marx" und ihren Berufungen auf den Meister nicht zurecht kommen, dann memorieren Sie einfach die ausgefeilte Dialektik des Moselaners, die er seinem Freund *Engels* anvertraute: „Es ist möglich, daß ich mich blamiere. Indes ist dann immer mit einiger Dialektik wieder zu helfen. Ich habe meine Aufstellungen natürlich so gehalten, daß ich im umgekehrten Fall auch recht habe." Das müßte eigentlich klappen.

Für *Karl Popper* war *Friedrich Nietzsche* neben *Hegel* einer der großen Weltverführer. Ihn in seinem gewaltigen Werk und Folgen zu beschreiben, kann heute nicht mehr Ziel sein. Der Übermensch hat lange genug in deutschen Köpfen herumgespuckt, der Streit mit Wagner oder die Erbschaft Hitlers ist aufgearbeitet; seine Theorie der Kunst, sein radikaler Nihilismus und die subtile Theologie vom toten Gott aber existiert immer noch als Wunde. Wenn Sie von *Nietzsche* etwas brauchen, dann bewundern Sie im Freundeskreis zunächst einmal seine herausragende stilistische Kunst oder auch seine Darstellungen des Intellekts der Frauen, der hier ungleich besser als bei *Schopenhauer* erscheint; die verheirateten sind ihm allerdings verdächtig und Mädchen als Gymnasiasten kann er sich auch nicht vorstellen. Den „Zarathustra" würde ich nicht gleich lesen, wohl aber die „Fröhliche Wissenschaft", weil er dort zu allen Weltproblemen eigene Sentenzen erdacht hat. Manchmal ist er als Prophet auch ganz schön ausgerutscht, zum Beispiel in „Menschliches, Allzumenschliches":

„Wenn wir eines Sonntagmorgens die alten Glocken brummen hören, da fragen wir uns: ist es nur möglich! Dies gilt einem vor zwei Jahrtausenden gekreuzigten Juden, welcher sagte, er sei Gottes Sohn. Der Beweis für eine solche Behauptung fehlt ..."

Die alten Glocken brummen zwar immer noch, aber der alte *Nietzsche* treibt auch immer noch die Theologen um. Warum er überhaupt gottlos wurde, fragen sie sich. Vielleicht deshalb, weil sein Vater Pfarrer und sein Jugendfreund Richard Wagner trotz Parsifal ein in der Wolle gefärbter Heide war. Es könnte ja so gewesen sein.

Wenn Sie in einer milden, nachdenklichen, philosophischen Rotweinstimmung, vielleicht im November oder des nachts, etwas Gutes und Bleibendes von *Nietzsche* ins Gespräch bringen wollen, dann zitieren Sie, zunächst ohne Enthüllung der Autorschaft, nach dezentem Räuspern sein Gedicht „Vereinsamt" von 1884:

Friedrich Nietzsche, 1844 – 1900

„Die Krähen schrein
Und ziehen schwirren Flugs zur Stadt:
Bald wird es schnein –
Wohl dem, der jetzt noch – Heimat hat ..."

Ein wunderbares Gedicht, werden die Leute sagen, wenn sie es ganz gehört haben. Dann lassen Sie beiläufig noch den Namen *Nietzsche* fallen, und alle werden staunen.

Wenn ich noch drei Würfe zur Ermittlung der großen, guten, unbestreitbaren und bleibenden Philosophen frei habe, dann bin ich schnell entschlossen. *Kant* und *Sokrates* werden bestehen: der eine als Philosoph der Freiheit, der Menschlichkeit und des Gewissens (*Karl Popper*) der andere, weil er gar nichts geschrieben hat und trotzdem gegenwärtig ist.

Aus den Top Ten: Meine persönliche Hitliste

Irgendwie hat dies ein Reporter vom Lokalfunk mitbekommen. Er hat mich nach meinen Lieblingsphilosophen gefragt, weil sie eine Umfrage veranstalten wollten.

„Ich habe nicht nur einen, sondern mehrere". deutete ich ihm freudig erregt an.

„Das wird nicht möglich sein", antwortet er mir und erläuterte das Verfahren, das keine großen Sendezeiten beanspruchen könne, weil Philosophie eigentlich ja keinen interessiere und sie, also sein Sender, dies auch nur machen würden, weil ihr Intendant in der Nähe des Grabmals des *Cicero* zwischen Rom und Neapel eine Autopanne hatte und sein Urgroßvater aus Königsberg komme. „Zwei Philosophen für einen Gesprächsteilnehmer bringen wir nicht unter", schloß er in einem Gespräch, für das er sich immerhin eine gute halbe Stunde Zeit genommen hatte. Es half auch nichts, als ich ihm sagte, daß dies in der Musik anders wäre, da könne man gleichzeitig Mozart und die Rolling Stones oder den Don Giovanni und Celine Dion favorisieren, aber gut, es ging nicht, obwohl es sicher in diesem Fall gegangen wäre.

Ich schied also aus der Reihe der Befragten aus. Aber ich gebe hier dennoch mein Minderheitenvotum zu Protokoll, da ich eine ganze Reihe von Lieblingsphilosophen habe. Da ist zum Beispiel der Aussteiger *Diogenes*, der auf dem Marktplatz von Sinope im Faß, aber sicher neben einer Kneipe hauste. Ein ungewaschener Aussteiger, Gammler oder Alternativer, sicher nicht zur Freude von Müllabfuhr und Stadtverwaltung. Wie er aber dem mächtigen Alexander so souverän und ohne Ausfälligkeiten andeutete, er möge ihm aus der Sonne gehen, das war schon Klasse. Dann mag ich den Roßhändler Michael Kohlhaas, weil er ein unbändiges Rechtsgefühl besaß und gewiß mehr für die Gerechtigkeit tat als die ganze Frankfurter Schule. Ich mag *Karl Valentin*, den hageren Meister des Linksherumdenkens, weil er kein billiger Spaßmacher, sondern ein wirklicher, tief -und hintersinniger Philosoph war und so gut Bayerisch sprach, daß es auch noch ein Galizier als seine Muttersprache empfinden konnte.

Ganz anders wiederum der schwierige, aber liebenswerte arme Teufel *Ludwig Wittgenstein*, der mit Sicherheit zu einseitig ernährt war. Ganz vorn dann *Max Weber* und *Karl Popper*, weil sie so vernünftig über die Weltlage und auch noch so verständig schrieben. Nicht zu unterschätzen *Adalbert Stifter*, der schon zu seiner Zeit beklagte, daß „unter Hunderten, die das Wort Freiheit ausgesprochen haben, kaum Einer ist, der weiß was Das sei". Kaum einer hat schöner und eindringlicher über die Menschenrechte geschrieben als er. Gewarnt hat er uns alle: „Untergehenden Völkern verschwindet zuerst das Maß", hat er festgestellt. Mein Gott, wenn er noch den großen Schwund in unserer Fernsehkultur erlebt hätte!

Um aber noch einmal auf die Freiheit zurückzukommen: da hatten die französischen Girondisten unseren Freiheitsdichter Friedrich von Schiller als Förderer der Revolution zum französischen Bürger machen wollen, obwohl sie nicht einmal seinen Namen richtig schreiben konnten. Giler, stand im Protokoll. Schiller war zunächst einverstanden. Als aber die Revolution in Terrorismus ausartete, distanzierte er sich voller Ekel von den blutrünstigen „Schinderknechten" in Paris. Bravo! Wie haben da vergleichsweise unseren großen Linken herumgedruckst und gestottert, als die Pflastersteine der Revolutionäre flogen und der Staat in Not geriet. Wenn sie wenigstens geschwiegen hätten, wären sie vielleicht sogar Philosophen geblieben.

Und wenn Sie noch einen meiner Lieblingsphilosophen wissen wollen, dann ist es der Pfarrer *Kneipp* aus Wörishofen, weil er nicht nur Kathreiners Malzkaffee populär machte und einen Krach mit Rom riskierte, sondern ein souveräner Denker und Praktiker war, ein Helfer gegen die gescheite Hilflosigkeit, der als Wasserdoktor schon vielen Philosophen einen klaren Kopf verschafft und den Theologen das lädierte Kreuz wieder gestärkt hat, damit sie wieder richtig Kniebeugen riskieren konnten. Er ist völlig zurecht eine Briefmarke geworden.

IV. Wie man selbst ein Philosoph wird

Einen Kältetod durch die Zivilisation hat *Max Weber* nach dem Ersten Weltkrieg voller Pessimismus konstatiert: Fachmenschen ohne Geist, Genußmenschen ohne Herz; die Nichtse bilden sich ein, eine nie zuvor erreichte Stufe des Menschentums erstiegen zu haben, fühlte er.

Nach dem Zweiten Weltkrieg, im Sommer 1948, kam der Dichter Gottfried Benn wiederum zu sehr pessimistischen Ergebnissen:

> *„Innerhalb des Abendlandes diskutiert seit vier Jahrzehnten dieselbe Gruppe von Köpfen über dieselbe Gruppe von Problemen mit derselben Gruppe von Argumenten unter Zuhilfenahme von der derselben Gruppe von Kausal- und Konditionalsätzen und kommt zu derselben Gruppe von sei es Ergebnissen, die sie Synthese, sei es Nichtergebnissen, die sie dann Krise nennt – das Ganze wirkt schon etwas abgespielt, wie ein bewährtes Libretto, es wirkt erstarrt und scholastisch, es wirkt wie eine Typik aus Kulisse und Staub. Ein Volk oder das Abendland, das sich erneuern möchte, und manches läßt darauf schließen, daß es sich auch noch erneuern könnte, ist mit dieser Methode nicht zu regenerieren."*

Was ist aus diesen Diagnosen geworden? Was könnte Therapie werden? Wir beschlossen an unserem philosophischen Stammtisch, an dem auch intelligente Menschen verkehren, eine gründliche Recherche der Szene vorzunehmen und neben dem Dasein das Sosein festzuschreiben: alles natürlich mit der Maßgabe *Wittgensteins*: Wovon man nicht sprechen kann, darüber muß man schweigen.

Praktische Philosophie in Szenen

Wie erkennt man einen Philosophen?
In der Obersecunda hatten sie einen Grundkurs Philosophie eingerichtet. Es war eine Katastrophe. Sie konnten sich in der Klasse nicht einmal einigen, wie man einen Philosophen erkennt. Er hat einen Lehrstuhl, ist vielleicht Professor oder nur Oberrat, er trägt alte Klamotten oder wenigstens ungebügelte Hemden, sieht schlecht aus und ist meistens irgendwie komisch, sagten die einen. Er hat viel Geld, weil er Bücher schreibt und oft ins Fernsehen kommt, meinten die anderen. Er hat wenig Geld und ist trotzdem gescheit, dachten die meisten. Einer der Obersecundaner hatte einen Nachbarn, einen armen Schuster und Kleinbauern, der aber die Rundheit der Weltkugel aus seinen abgeschliffenen Stiefelabsätzen bewies und deshalb gewiß ein Philosoph zu nennen wäre. Philosophen sitzen entweder verstört und ganz hinten in der Kneipe oder im Wald und lauschen den Stimmen der Götter. Man erkennt sie an der Dunkelheit oder Unverständlichkeit des Ausdrucks, den nicht jeder begreifen soll. Philosophen sind Weise, die über Gott und die Welt nachdenken, alles irgendwie merkwürdige oder auch interessante Typen, die manchmal auch Dichter sind. Den Faust kannten sie vom Fernsehen, weil Heiner Lauterbach den Kommissar dieses Namens spielte. Sie fragten nach Asterix und Robin Hood. Genesis war kein Buch von Moses, sondern eine tolle Band und den Vater Abraham sang die Mutter von einem Schüler besonders gern. *Kant* und *Diogenes* kannten sie nicht. Sie schrieben *Schopenhauer* wie Schoppenhauer. *Sokrates* hatte einer schon einmal gehört, aber er wußte auch nicht mehr genau, ob dieser bei Botafogo oder Benfica Lissabon Fußball gespielt hat. Der Lehrer war macht- und fassungslos.

In der Unterprima wurde es im Leistungskurs erkennbar besser, obwohl der Klassenlehrer aus Sachsen kam, vielleicht auch, weil er aus Sachsen kam, wo er zwar mit *Marx* und *Engels* aufgewachsen, aber eben auch mit Philosophie in Berührung gekommen war. Über die Definition der Philosophie waren sie sich nicht richtig einig geworden, aber das war auch in der Lehrerkonferenz nicht anders gewesen. Richtig nachdenken, länger überlegen, verschiedene Perspektiven bei einem Problem suchen und ein gründliches Urteil daraus gewinnen: so ungefähr mußte es wohl mit der Philosophie sein. Die Liebe zur Weisheit und die Suche nach Wahrheit. Als die Schüler einen philosophischen Grundsatz aufsagen sollten, meldeten sich gleich zwei:

„Ich weiß, daß ich nichts weiß", von *Sokrates*,

verkündete der eine. Die Klasse lachte, weil der Klassenkamerad stets für gepflegte Ausreden und Entschuldigungen gut war. Aber der Lehrer wies sie alle darauf hin, daß dieser weltberühmte Ausspruch nach wie vor ein Problem der Interpretation bedeute. Es könne ja sein, daß dies die ultimative Erkenntnis eines lebenslänglichen Philosophen war oder auch die demütige Raffinesse eines geschulten Dialektikers, klassisches Understatement gewissermaßen.

Oder eben die sokratische Technik der Ironie, bei der das Gesagte und das Gemeinte zunächst nicht übereinstimmen, um am Ende die Wahrheit zu finden.

„Wer zu spät kommt, den bestraft das Leben", von Michail Gorbatschow,

verkündeten sie beinahe im Chore. Ein russisches Sprichwort oder die selbstgestrickte Erkenntnis des ehemaligen Kremlherren, der sich vor dem Zusammenbruch der kommunistischen Herrschaft plötzlich zum schnellen Handeln gezwungen sah, der nicht zu spät kommen wollte bei der Verteilung der Welt. War Gorbatschow demnach ein Philosoph oder ein Politiker, der die Philosophie richtig anwendete, der letztendlich sogar *Karl Marx* richtig interpretierte, weil jetzt die Freiheit die Einsicht in die Notwendigkeit war? Sie fanden es ganz toll. Als ihnen der Lehrer für die Ferien die Anregung mitgab, sie sollten doch einmal selbst erfahren, wo und wie man überall philosophieren könne, wollten die meisten gern mitmachen.

Philosophieren kann man am Meer oder in den Bergen, weil man dort die Urgewalt der Natur und die Schönheit der bedrohten Schöpfung erfährt. Philosophieren kann man vor blühenden Wiesen oder wogenden Getreidefeldern, als Künstler oder Landwirt oder als interessenübergreifender Philosoph auch über beide. Vor alten Gemäuern und Friedhöfen, weil das Vergängliche und das Bleibende sich nebeneinander darbieten. Unter Sternen oder im Weinberg, wo der Himmel näher ist. In der Schnelligkeit der Eisenbahn oder in der Langsamkeit des Krankenhauses. Nicht zuletzt im Schrebergarten oder in der Datscha, wo zu Zeiten der Diktatoren nicht nur reine Natur, frische Tomaten und heißer Kaffee, sondern immer die stillen Inseln des freien Denkens gewesen und die ordnenden Kräfte der Kultur geblieben waren: fast ohne Gesetz und Verordnung, weil schon die Nachbarschaft kein Unkraut zwischen Rosen, Dahlien und Rettichen duldete. Philosophisches überall und jeden Tag. Auch in der Kneipe, fügte der Sokratiker aus dem Leistungskurs mutig an, weil auch dort jene Frage nach Notwendigkeit und Freiheit gestellt sei.

„Unsere Freiheit ist die Freiheit zwischen Pils und Weißbier oder obergärig und untergärig",

formulierte er den alten *Marx* neu und straff. Der Lehrer meinte anerkennend, aus ihm könne in der Tat ein richtiger Philosoph werden.

Die Rolle der Kultusministerkonferenz

Die Kultusministerkonferenz, die in Deutschland die Hoheit über die Kultur vor sich her trägt, beobachtete die Entwicklungen des Philosophie-Unterrichts naturgemäß mit Aufmerksamkeit. Es blieb ihr während des Beobachtungsvorgangs nicht verborgen, daß sich allmählich eine hessische, bayerische, hanseatische, schwäbisch-tübingische, sächsische oder mecklenburgische Philosophie entwickelte, die zwar dem föderalen Prinzip, aber nicht dem philosophischen Ethos entsprach. Der Zusammenhang müsse unbedingt gewahrt bleiben, beschlossen die Minister, vor allem in Sorge um die Höheren Lehranstalten und gründeten sofort einen Kohäsionsausschuß, der alle strittigen Fragen harmonisieren sollte. Weil aber der leitende Ministerialdirektor, der für den Kohäsionsausschuß zuständig war, in Pension ging, ruht die Entscheidung einstweilen. Mit einem merkwürdigen Satz von *Seneca* verabschiedete er sich aus dem Beamtenleben:

> *„Auf, reiße dich los aus diesem wissenschaftlichen Spiel der Philosophieprofessoren, die an den höchsten Gegenständen nur Silbenstecherei üben und durch ihre Kleinigkeitskrämerei den Geist entwürdigen und zermürben. Werde den schöpferischen Denkern ähnlich und nicht jenen, die nur über sie Vorlesungen halten und es darauf anlegen, daß die Weisheit mehr verwirrt als erhebt."*

Dabei zuckte ein blasphemischer Ernst um seine Mundwinkel.

Das war irgendwie unerhört, fanden sogar die engsten Kollegen, als sie ihm einen Geschenkkorb mit Cognac, Zigarren und guten Wünschen für den Lebensabend überreichten. Valete, sagte er mit einem hintergründigen Lächeln, das sie nur schwer zu deuten wußten. Man würde wahrscheinlich noch von ihm hören, konnte dies nur heißen.

Was wir schon immer über Philosophie wissen wollten ...
An der Universität sah die Philosophie dann schon ganz anders aus. Die meisten Anfänger wunderten sich zunächst, daß in der Philosophischen Fakultät alle möglichen Fachdisziplinen verwaltungsmäßig untergebracht waren, aber miteinander im Sinne von kommunizierenden Röhren nichts zu tun hatten.

Die alten *artes liberales* als Fächerkanon können Sie vergessen, die Durchnittsgeschwindigkeit des Übergreifens von einer Fachrichtung in die andere dauert 20 bis 25 Jahre, äußerte etwas unvorsichtig der Akademische Oberrat, der ein echter Philosoph war und dem Ordinarius einstweilen ordentlich zuarbeitete, weil er selbst eines Tages ordentlicher Professor zu werden gedachte.

Einführung in die Philosophie hieß sein Seminar für Erstsemester, mit Textanalysen, Fragespielen und Hausaufgaben, versteht sich von selbst.

Es fing gleich richtig an, spürten die Erstsemester sofort, als sie die Bänke des kleinen Seminarraums auf Texte absuchten.

> *„Der Bauer liest Adorno,*
> *die Schweine gucken Porno",*

stand als neueres deutsches Volksgut eingeritzt in der vorletzten Bank und mit nachgelegter Tinte bestätigt. Hier müssen mehrere hoffnungsvolle Denker gesessen haben, dachten sie wohl, aber der Oberrat ließ sich von ihren süffisanten und naseweisen Kommentaren nicht abschrecken. Er behandelte knapp das Hamlet-Syndrom mit der Alternative Sein oder Nichtsein. Zur Strafe ließ er ihnen aber in der nächsten Stunde einen Text von *Adorno* vorlegen, einem der kühnsten und kreativsten Denker unseres postindustriellen Zeitalters, wie er versicherte. Aber keiner sagte ein einziges Wort, als der Text verklungen war. Und es war keiner dabei, der ihn verstanden hatte.

> *„Obwohl Dialektik die Unmöglichkeit der Reduktion der Welt auf*
> *einen fixierten subjektiven Pol dartut und methodisch die wechsel-*
> *fähige Negation und Produktion der subjektiven und objektiven*
> *Momente verfolgt, hat seine Philosophie als eine des Geistes den*
> *Idealismus festgehalten. Nur die diesem innewohnende Lehre*
> *von der Identität von Subjekt und Objekt – die ihrer bloßen Form*
> *nach allemal bereits auf den Vorrang des Subjekts hinausläuft –*
> *schenkt ihm jene Kraft des Totalen, welche die negative Arbeit,*
> *die Verflüssigung der einzelnen Begriffe, die Reflexion des*
> *Unmittelbaren und dann wieder der die Aufhebung der Reflexion*
> *leistet ...",*

schrieb *Adorno* 1957 zum 125. Geburtstag von *Hegel*. „Hätten Sie es nicht etwas kleiner?", fragte mutig eine kleine Studentin. „Das ist alles reine Sprachonanie", sagte etwas robuster ein Student daneben. Aber sie wurden alle dialektisch getröstet: der sprachgewaltige Berliner Kritiker Friedrich Luft hatte sich ja sogar öffentlich außerstande erklärt, diesen Satz zu verstehen. Sie hatten vorläufig ihre Ruhe vor *Adorno*.

Daraufhin versuchte es der Akademiker, weil ihm das Seminar wohl etwas zu groß und unterbelichtet erschien, in einer Art von darwinistischer Selektionsweise oder Abschreckungsphilosophie gleich mit einem echten *Heidegger*. Es war eine Passage über die späten Hymnen Hölderlins.

„Hölderlins Kehre ist das Gesetz des dichtenden Heimischwerdens im Eigenen aus der dichtenden Durchfahrt des Unheimischseins im Fremden ..."

Sie gähnten mit Entsetzen. Aber die Sache war noch nicht ausgestanden. Es kam noch dicker. „Das Gedichtete im Wort der wesentlichen Dichtung überdichtet den Dichter und die es Hörenden", schrieb *Heidegger* über Hölderlins Gedicht „Andenken". 194 Seiten wurden es. Da fragten sie in wachsender philosophischer Offenheit, ob sie wohl den ganzen Quatsch tatsächlich lesen müßten und ob damit nicht deutsche Steuergelder vergeudet würden. Sie trösteten sich erst mit dem überdichtenden Gedanken von Günter Grass, daß *Heidegger* mit der deutschen Sprache Schindluder getrieben und für vernünftige Zwecke unbrauchbar gemacht hätte. Das Seminarprotokoll wies an dieser Stelle lebhaften Beifall des Auditoriums aus.

Aber der akademische Oberrat gab nicht auf. Schon die Erkenntnis der eigenen Unzulänglichkeit erschien ihm als wichtiges Element jeder Philosophie. Nichts ging ihm, obwohl er erst Oberrat und noch nicht Professor war, über die Wahrheit oder um das Bemühen um die Wahrheit, ganz im Sinne von Lessing oder Altmeister *Sokrates*. Diesem waren doch Philosophen „alle, die die Wahrheit lieben", hatte er seinem Schüler *Platon* anvertraut.

So führt fast 2500 Jahre später jeder Weisheitslehrer seine Schüler gleich in die Höhen und die Urgründe der Wahrheit ein, beginnend mit der Erkenntnistheorie und den Tiefen der Ontologie, wobei immer wieder der magische Begriff des Seienden aufschien. Ontologisch ist etwas, wenn es einen Teil des Wesens des Seienden ausmacht, es ist also eine Eigenschaft, die das Seiende nicht verlieren kann, ohne dadurch aufzuhören zu existieren, dozierte der Akademiker. *Aristoteles* hatte diesen Grundsatz schon ausgemacht, seine Nachfolger nannten es Metaphysik. Später waren noch *Kant*, die Neukantianer, *Nicolai Hartmann* und *Husserl* hart am Wind, aber erst *Heidegger* hat die Sache wieder neu problematisiert, indem er den Unterschied zwischen dem Seienden und dem Sein des Seienden ausmachte.

Die Eleven stöhnten laut auf und fragten, ob man das alles unbedingt wissen müsse, um ein Philosoph zu sein. Der britische Premierminister John Major hatte doch ganz offen bekannt, daß er als einfacher Sohn eines Seiltänzers und Zauberers aufgewachsen sei, nur bis 16 auf einer Grammar School gewesen und eigentlich für den Beruf eines Busschaffners vorgesehen gewesen sei, für den er aber nach eigenen Angaben zu groß und nach Ansicht anderer nur unfähig zum Zählen der eingehenden Fahrgelder gewesen sei. Später wurde er Banker und Politiker. Als Premierminister ließ er seine Nation, die doch eine stattliche Reihe von wirklichen Philosophen hervorgebracht hat, wissen, daß der gesunde Menschenverstand wichtiger sei als akademische Titel, und daß er haufenweise akademisch Qualifizierte kenne, die im Grunde genommen rechte Deppen seien.

Was bleibt einem akademischen Oberrat in solchen Fällen anderes als ein säuerliches Lächeln und der Hinweis auf die möglicherweise doch recht beschränkte Leistung der Seiltänzer und Busschaffner. Si tacuisset ... Aber damit hätte er ja wiederum die bisherige Seinsgewißheit des Philosophen Major anerkannt. Das durfte nicht sein. Also verwies er zunächst auf die großen und wahren Engländer, auf *Anselm von Canterbury* und *Shaftsbury*, auf *Newton*, *Locke* und *Hume*, die doch eigentlich die ersten Aufklärer in Europa gewesen seien. Darauf wollte er noch eigens zurückkommen.

Sie lasen den Tod des *Sokrates* in der Darstellung Kritons, der ja bis zum letzten Augenblick in der Todeszelle dabei war und das gelassene Vermächtnis des Meisters vernahm, der schon vom Schierlingsbecher getrunken hatte: „O Kriton, wir schulden dem Asklepios noch einen Hahn."

Sie lasen den Tod des *Seneca* von Heiner Müller und die Hymne an die Dummheit von Hans Magnus Enzensberger. Sie nahmen die Kraft dieser Aussagen wahr und empfanden allmählich doch, was Philosophie ist oder sein könnte. Sie spürten es endlich am eigenen Leib, wie beschwerlich dieser Weg zur Philosophie doch ist und fragten nach.

„Gibt es eigentlich im neueren Deutschland noch deutsche Denker, die man als hauptberufliche Philosophen so ähnlich wie in Frankreich erkennen könne?", fragten sie. „Aber Ja," antwortete der Dozent freudig. „Wir hatten in unserem Jahrhundert nicht nur *Heidegger, Husserl, Max Scheler* und *Peter Wust*, wir hatten *Karl Jaspers* und *Nicolai Hartmann*, wir haben *Hans-Georg Gadamer*, *Karl Löwith, Herrmann Lübbe* und *Odo Marquardt*, um nur einige zu nennen. Wenn diese sich zu Gegenwartsfragen äußern, hat es Gewicht und macht Sinn."

Man könne auch noch *Spaemann* in München, *Kluxen* in Bonn, *Weisschedel* in Frankfurt, *Blumenberg* in Münster, *Havemann* in der ehemaligen DDR, den Weltenwanderer *Ernst Bloch* oder *Hans Maier* in München erwähnen, der den fakultätsübergreifenden Guardini-Lehrstuhl hat, schon einmal Kultusminister war und sogar vor dem Papst schon Orgel gespielt hat – deswegen bemerkenswert, weil die meisten deutschen Kultusminister überhaupt kein Instrument spielen.

Man könnte natürlich auch über die philosophische Position von Rudi Dutschke nachdenken, man könnte *Johannes Gross* in der politischen Philosophie oder *Eckhard Henscheid* in der Sprachphilosophie höher plazieren, falls die Lehrstuhlinhaber einverstanden wären. Wenn wir die Emigranten dazurechnen, haben wir auch noch *Karl Popper, Ludwig Wittgenstein* oder *Einstein* aus Ulm, der in Princeton lehren mußte. Wir haben mindestens einen

Weizsäcker. Wir hatten auch *Herbert Marcuse, Jürgen Habermas, Max Horkheimer* und die Frankfurter Schule, die bekanntlich auch als Philosophie der sogenannten deutschen Revolution von 1968 unmittelbare politische Wirkungen auslöste.

Die jungen Eleven kannten keinen mehr. Aber die Sache wurde allmählich interessant. Jetzt prasselten die Fragen auf das Katheder ein, und sie prasseln immer noch, weil die Eleven der Philosophie ja noch von Lehrern erzogen wurden, die aus dem Frankfurter Geist geboren waren. Wer denn überhaupt am Standort Deutschland Philosophie mache, ob es mehr die Professoren, die Bundespräsidenten oder die Kundenzeitschriften wären, und wer denn letztendlich die Verantwortung trüge, damit bei uns nicht so etwas passieren würde, wie damals in Athen dem *Sokrates,* wo man sich doch heute noch frage, wer damals Kultusminister oder wenigstens Oberstaatsanwalt war? In der Regierung sitzen grundsätzlich keine Philosophen, betonte der Oberrat auf Anfrage in beinahe unphilosophischer Gewißheit. Woher er die Frechheit nahm? Kein Wunder, daß immer wieder die Vorlauten ins Gras beißen müssen.

Die schwierigste aller deutschen Geistesfragen taucht von Zeit zu Zeit zwangsläufig immer wieder auf: sind Intellektuelle auch intelligent, sind Intelligente gleichzeitig Intellektuelle oder müssen sie einer eigenen Kaste angehören, um Gehör zu finden? Weht der Geist stets von links oder kann er auch aus einer anderen Windrichtung kommen? Sind Geist und Macht tatsächlich unversöhnlich oder ist das nur eine Frage der Tagesform?

In besonderer Weise richtet sich die deutsche Aufmerksamkeit dabei auf den neuen Beruf des Querdenkers. *Sokrates* war ein richtiger Querdenker, auch Julius Hackethal, Galileo Galilei, Eugen Drewermann, Savonarola, Kurt Biedenkopf, Hans Küng, Diogenes und Heiner Geißler sind möglicherweise dazu zu zählen, bis die genaue Definition zwischen Querdenker und Querkopf gefunden und die Grenzlinie zwischen philosophischer Eigenständigkeit und situationsethischem Abweichlertum gezogen ist.

Wie aber wird man Querdenker? Das ist gar nicht so einfach. Da muß man zunächst zu einer gesellschaftlichen Großgruppe gehören, also zu einer Volkspartei, einer Kirche, Gewerkschaft oder Arbeitgeberorganisation. Man muß eigentlich einer dieser Institutionen zugerechnet werden, aber uneigentlich immer wieder an derselben Kritik üben, dagegenreden, dagegenschreiben, dialektisch operieren, durch Gegenposition und eigene Philosophie auffallen. Dann ist man in Magazinen, Illustrierten und Fernsehtalkshows als Abweichler interessant oder als Hecht im Karpfenteich stets gern gesehener Gast. Sie brauchen Dialektik oder am besten gleich Rabbaz. Früher wurden häufig sie selbst oder ihre Bücher der lebensgefährlichen Philosophien auf den Scheiterhaufen verbrannt, heute stehen ihnen die Funkhäuser und Buchverlage, die Zeitungsredaktionen und Kulturabteilungen der Geldinstitute offen. Das hat im wesentlichen die Philosophie oder speziell die Kritik der unreinen Vernunft geschafft.

Natürlich existieren heutzutage sogenannte Querdenker, die Wasser predigen und Wein trinken, die mit der Kritik an anderen Leuten ihr Geld verdienen und alles verarschen, was ihnen über den Weg läuft. Berufszyniker, Kabarettisten, Blödelbarden mit Supergagen und ohne jedes Risiko tun mit gequälter Miene so, als ob sie in einer Diktatur leben und deswegen ihren hochbezahlten Mut zur Schau stellen müßten. Diese muß man von den wahren Querdenkern unterscheiden, also von jenen, die nicht in behaglichen Pantoffeln am Arbeitstisch saßen und zufrieden ihre Kontoauszüge lasen, sondern mit ihrer Kritik an den Mächtigen Kopf und Kragen riskierten. Dazu gehören die Philosophen und Dichter, deren Bücher man 1933 in Deutschland verbrannt hat. Dazu gehören schon viel früher jene Göttinger Sieben, die 1837 gegen ihren Landesherrn Ernst August wegen Verfassungsbruchs aufgestanden waren; drei jener Professoren mußten das Land verlassen, vier erhielten Lehrverbot. Oder Heinrich Heine, Karl Marx, die schwäbischen Revolutionäre von 1848, die Russen Kopelew und Solschenizyn, der Perser Salman Ruhsdie, die Tschechen Havel und Kohout, in der ehemaligen DDR Havemann und Biermann, der die verdorbenen Greise im Politbüro totgesungen hat. Viele wurden eingesperrt, ausgebürgert, mundtot gemacht, aber ihr Denken und ihr Mut trugen späte Früchte der Freiheit. Da war einiges bei den angehenden Jungphilosophen richtig zu stellen.

Ob wohl auch Rudolf Augstein zu den Philosophen zu rechnen sei? Die unvermeidliche Frage mußte ja kommen. Im Prinzip Ja, hieß die Antwort. Er ist selbständiger Spätaufklärer, der Freiheit zugetan, hat fakultätsübergreifend über den Preußenkönig Friedrich II. und Jesus geschrieben, dabei sogar den Nachweis geführt, daß der Hahnenschrei mit der Entlarvung des Schwächlings Petrus nicht so wie beschrieben stattgefunden haben kann, weil es im Heiligen Land gar keine Hühner gab. Er hat immer wieder Stellung in der Tagespolitik bezogen. Sein Wort hat Gewicht, er ist reich wie die Sophisten in Griechenland, viele haben ihn nicht verstanden, und er war auch schon eingesperrt wie *Sokrates* und *Seneca*. Er hat also gewiß die meisten Kriterien erfüllt.

An diesen Beispielen ist freilich auch abzulesen, wie schwer es ist, ein wahrer Philosoph zu werden und zu sein. Der griechische Historiker Thukydides hat schon in alten Zeiten den Hintergrund ausgeleuchtet:

> *„Das Geheimnis des Glücks ist die Freiheit,*
> *das Geheimnis der Freiheit ist der Mut."*

Ihm hat es wohl am eindrucksvollsten der britische Lord Byron gedankt, der nicht nur mit bewegten Worten zur Befreiung der Griechen vom Türkenjoch aufgerufen hat, sondern mit 400 Mann in den Befreiungskrieg aufgebrochen ist. Aktion kann sein, muß aber nicht sein.

Beispiele schärfen die Klinge der Unterscheidung zwischen Gesinnungsethik und Verantwortungsethik, zwischen Utopie und Freiheit. Max Weber sollte man dazu lesen, auch Golo Mann, Schelsky, Popper oder den späten Helmuth Schmidt. Mit gezielten Fragen wird auch der Unterschied zwischen Intelligenz und Intellektualität deutlicher. Warum täuschte sich *Karl Marx* so sehr in seinen politischen Analysen? Wieso hielt George Bernard Shaw den Massenmörder Josef Stalin für einen Philanthropen? Mußte *Heidegger* 1933 diese Rektoratsrede in Freiburg halten? War es richtig, daß *Jean Paul Sartre* den deutschen Terroristen Baader im Gefängnis von Stammheim besuchte? Wäre er ein Philosoph geblieben, wenn er daheimgeblieben wäre? Das Sein ist auch eine Frage der Zeit, möchte man sagen.

Philolecithin für Senioren

Im Seniorenstift waren neue Leute angekommen. Sie tasteten sich mühsam in die neue Welt der Alten hinein, fragten schüchtern nach Briefmarken, Bier und Ausgangszeiten, ließen sich bald auch geduldig ausfragen nach Familienstand, Rentenbescheid und bisherigen Lebenumständen. Mit einem Mal aber waren sie bei ihren Schicksalen, Lebenserfahrungen und den eigentlichen Grundsätzen ihrer Lebensphilosophie, weil Anna ihren 90. Geburtstag mit Kaffee, Kuchen und Likör feierte.

„Bei uns stand in der Küche über den Wischtüchern der Satz 'Sich regen bringt Segen'". Das mußte man jeden Tag mehrmals lesen, weil die Handtücher nicht so häufig gewechselt wurden wie heute. Das prägte sich ein, sagte die Jubilarin sogar dem jungen Mann von der Zeitung, der es auch kopfschüttelnd aufschrieb.

„Bei uns war in das Sofakissen der Satz eingestickt 'Ein gutes Gewissen ist ein sanftes Ruhekissen'", sagte Berta. Sie war ledig geblieben. Man hatte bei ihnen daheim immer viel gelesen, jetzt liest sie nur noch Horoskope und Romane in großer Schrift. Aber das Ruhekissen und ihre Grundsätze hat sie immer noch.

„Bei uns spielten sie jeden Tag zur Mittagszeit vom Glockenturm des Rathauses 'Üb immer Treu und Redlichkeit bis an dein kühles Grab '", kündete der sonst so schweigsame Beamte, und sie spielten es seltsamerweise auch, als die Polizei gerade einen Beamten wegen passiver Bestechung verhaftete. Das könnte vor dem Krieg an der Potsdamer Garnisonskirche gewesen sein, weil sie immer vom Glockenturm das Stück spielten.

„Der Segen Gottes baut den Kindern Häuser", so sagte es die Großtante von Chlothilde schon vor dem Siebzigerkrieg und dem Sedanstag am 2. September. Chlothilde vertraute dieser Lebensmaxime und fühlte sich bestätigt: sie hatte zwei stattliche Miethäuser und konnte sich im Seniorenheim ein komfortables Appartement mit Zusatzverpflegung leisten.

„Dankbar rückwärts, mutig vorwärts, gläubig aufwärts", zitierte ein Norddeutscher den seligen Franz Joseph aus Bayern, obwohl dieser gewiß kein Heiliger gewesen sei. Er outete sich als partieller Gesinnungsgenosse; sein Nachbar, ein wohl mehr sozialdemokratischer Landesbediensteter a. D., nickte überraschend stumm.

Lebensphilosophie. Es wurde ein außergewöhnlich lebhafter Abend – nicht nur wegen des Geburtstagslikörs der Jubilarin oder des späteren Umstiegs auf härtere Sachen. Nein, es war heute mehr. Es war ein Ausbruch aus der müden Liturgie des Altenheimes mit Aufstehen und Kaffeetalk, Visiten, Salbengeruch und blasser Krankenkost, mit Schlafengehen und der wissenschaftlichen Gewißheit, daß 4,5 Millionen Deutsche nachts raus müssen. Übermütig fingen die alten Damen zu singen an, aber nicht nur die alten Heimatmelodien vom Vaterhaus mit der Linde oder dem gelben Wagen, mit dem Walter Scheel einst Bundespräsident geworden war, sondern ganz neue Liedern, die sie täglich im Radio hörten.

„Die Männer sind wirklich das Letzte, da haben die Frauen so recht ..."
Die alten Knaben grinsten.

„Ob Tiger oder graue Maus, aus deinem Loch kommst du nicht raus ..."
Das ist doch *Schopenhauer* mit Musik.

„Aber Tränen in meinen Augen, aber Tränen, die siehst du nicht ..."
Das könnte von Robert Schumann sein, wenn die Musik nicht so schlecht wäre.

„Es kann der beste nicht im Frieden leben, wenn ihm die schöne Nachbarin gefällt", von Roland Kaiser, dem lieben Jung.

„Einer wird immer der Dumme sein,
Einer ist immer das arme Schwein ...",

flötete die Tagesbetreuerin aufgeklärt und munter dazwischen, obwohl sie eigentlich schon frei hatte. Die Alten gefielen ihr heute. Sie hätte auch gern noch die „Rose of England", die Elton John für die Trauerfeier zu Ehren der toten Königin der Herzen umgeschrieben hatte, vorgetragen, wenn man sie gelassen hätte. Sie schwärmte für Diana und Elton John und fühlte sich als „candle in the wind", aber die Alten ließen sie nicht, weil sie nicht soviel Englisch konnten. Neurose of England, knurrte einer im Dunkel, der sich nach Tagen erst als Verhaltensforscher und Freund von Irenäus Eibl-Eiblsfeld enttarnte.

„Mit 66 Jahren, da fängt das Leben an ...",

von Jürgens, nicht Curd, sondern Udo, das war endlich das Lied der Lieder für Senioren, eine eindringliche Sentenz, eine optimistische Formel, eine klingende Lebensphilosophie, wenn man so wollte.

Sie hatten ja alle ihre Lebensphilosophie, obwohl sie das bisher gar nicht so genau wußten. Der pensionierte Oberstudienrat, Lateinisch, Griechisch, Deutsch, hatte sogar ein ganzes Lexikon mit Aphorismen der großen Denker im Kopf, die er sorgfältig in die Runde hinein dosierte. *Epiktet* und *Archimedes, Seneca* und

Cicero, Aristoteles, Demokrit und *Heraklit*, nach dem seltsamerweise die Heraklitplatten benannt sind.

„Nicht abwarten, daß man eine untergehende Sonne sei", von Gracian, fügte er im Sinne von Udo Jürgens an. Noch Fragen zur Person?

„Der Kluge tut gleich anfangs, was der Dumme erst am Ende tut".

Auch Gracian, sagte er in freundlicher Sanftmut. Spanischer Jesuitenpater, gestorben am 6. Dezember 1658, Handorakel der Weltklugheit, übrigens von *Schopenhauer* ins Deutsche übersetzt. Sentenzen und Weisheiten jede Menge. Und Vorsicht bei Festreden, weil viele den Gracian auf dem Schreibtisch liegen haben. Doublette könnte peinlich werden.

„Recede in te ipsum, quantum potes – Ziehe dich soviel wie möglich in dich selbst zurück ..."

„Seneca", kommentierte er knapp. „Ein wahrer Philosoph und ständiger Ratgeber, auch für mich."
Der Berliner lachte, weil er das schon so ähnlich kannte. „Jeh in Dir", hamse uns jesagt. „War ick schon, war ooch nix", hieß die enttäuschende Erkenntnis des Insichgehens.

„Invidiam effugies, si scieris in sinu gaudere – dem Neid wirst du entgehen, wenn du verstehst dich im Busen, wörtlich, also im Stillen zu freuen."

Auch von *Seneca*. Chlothilde, die eine stattliche Figur hatte und sich demgemäß kräftig freuen konnte, aber gelegentlich etwas laut war, schaute zwar für einen Augenblick böse, aber das legte sich wieder. Es war heute ja alles Lebensphilosophie auf höchster Ebene, und die alten Römer hatten eigentlich schon alles parat, was wir uns heute mühsam ausdenken.

Toll war das, einfach toll. Fand auch der Neue, der wahrscheinlich höherer Beamter gewesen war und sich in der Materie auskannte. Auch er trug sein Scherflein bei:

„In necessariis unitas, in dubiis libertas, in omnibus caritas –
in Notwendigkeiten Einheit, im Zweifel die Freiheit, in allem
die Liebe."

Von wem war das denn nun? Etwa von *Cicero, Augustinus* oder von *Seneca*? Ja, so würde es gehandelt und vor allem in studentischen Verbindungen meist in Prinzipienreden zitiert, antwortete der Oberstudienrat nahezu unterkühlt bescheiden. Der Verfasser sei aber mit Sicherheit ein schwäbischer Pfarrer aus dem 17. oder 18. Jahrhundert gewesen. Der Oberpostrat brachte einen Achtungsschluck aus, mit verschärfter Hochtung, wie er eigens betonte. Und weil der Oberstudienrat gut drauf war, wie man sagte, schrieb er noch den Satz eines unbekannten, aber offensichtlich klugen Denkers auf:

„Das Volumen des Solanum tuberosum ist reziprok relativ zur
intellektuellen Kapazität der produzierenden Agronomen."

Was das heißt? Ganz einfach: „Die dümmsten Bauern haben die größten Kartoffeln."

Sie lachten, sie tranken, sie sortierten ihre Erinnerungen. Sie mußten jetzt nur vorsichtig sein, daß sie von den Bergen der Weisheit nicht in die Ebene der Kalauer abkippten, obwohl gewiß auch diese ein Recht auf Heimat haben.

„Quidquid agis, prudenter agas ac respice finem – was du auch
tust, tue es klug und bedenke das Ende ,

wußte plötzlich auch der schweigsame Herr aus Prag einzufügen. Der Satz hatte in der Aula seiner Schule gestanden. Er konnte ihn heute sogar noch im einprägsamen Rhythmus des Hexameter aufsagen, aber er zweifelte doch ein wenig, ob er den Satz ein Leben lang richtig angewandt hatte. Die Maxime aber wäre wohl schon in Ordnung.

Maxime, endlich Maxime. Darauf hatte der Oberpostrat i. R. gewartet. Es wurde auch Zeit, daß einer endlich den klassischen Satz über die Maxime aufsagte, der als der Kategorische Imperativ in die Weltgeschichte einging:

„Handle so, daß die Maxime deines Willens zugleich als Prinzip einer allgemeinen Gesetzgebung gelten kann."

„Immanuel Kant", sagte der Oberpostrat, der sich wieder setzte, nachdem er eigens aufgestanden war. „Wahnsinn", meinte Berta, „was es nicht alles gibt, aber was sagt uns das?" Der Oberpostrat interpretierte eindringlich, daß das Leben jedes einzelnen so sittlich sein müsse, daß diese persönliche, individuelle Haltung oder Lebensgestaltung als Regel oder Grundsatz für die allgemeine Gesetzgebung im Staat gelten könne. Als Berta auch noch fragte, wo der Philosoph denn das alles geschrieben hätte, damit sie es auch einmal nachlesen könne, wußte der Oberpostrat auch da noch Bescheid. Der Satz stehe in *Kants* „Grundlegung der Metaphysik der Sitten". Die Seitenzahl wußte er zwar nicht mehr, aber sein Triumph war für diesen Abend anscheinend gesichert.

Scheinbar gesichert. Denn plötzlich meldete sich die Jubilarin Anna, die mit geschlossenen Augen auf dem Sofa saß, aber nur scheinbar schlief. „Ich habe das mit der Maxime etwas länger, aber noch grundsätzlicher", sagte sie schelmisch lächelnd. Ob sie schon einmal etwas von Moses gehört hätten? „Jaja, ganz klar", schoß der pensionierte Kapitän aus Cuxhaven seine Kenntnis wie ein Torpedo in die Runde. „Das ist der Kleene oben im Mastkorb eines Segelschiffes, der Ausschau nach der Küste hält und gegebenenfalls Land in Sicht meldet."

„Stimmt", sagte Anna nebenbei und sanft. „Ganz richtig, wenn Sie das Gelobte Land meinen". Aber dann erklärte sie dem wohl etwas ins Heidentum abgerutschten Seemann in großer Ruhe die

177

Geschichte von Moses, der die Juden in das Gelobte Land führen sollte, die Szene vom Goldenen Kalb und vom brennenden Dornbusch, vor allem aber die Sache mit dem Berg Sinai, wo er unter Blitz und Donner unmittelbar von Gott die Zehn Gebote bekam.

Diese sagten eigentlich alles aus, was zum menschlichen Leben notwendig war, und sie seien wohl deshalb so einprägsam, weil sie ohne Hilfe einer Kommission zustande gekommen waren und viel kürzer als etwa die EG-Verordnung über die Reinheit des Bieres oder den Durchmesser der Spaghetti.

Ein Sittengesetz für alle Zeiten, kommentierte plötzlich der kleine Herr, der wohl aus der ehemaligen DDR, aber nicht aus dem Tal der Ahnungslosen kam. Sein Nachbar, der sich mit einem Male als ehemaliger Professor der Theologie outete, pflichtete ihm bei. Aber den astreinen Wortlaut der Zehn Gebote könne er auch nicht aus dem Stand aufsagen, Ethik sei ja nicht sein Fach gewesen. Und im übrigen sei es eine Frage, welche Übersetzung man wähle.

Anna konnte sie noch aufsagen. Sie war mit einem glänzenden Altersgedächtnis ausgestattet und hatte die alte Fassung im Kopf. Aber sie wollte sie nicht hier und heute, mit Kuchen, Likör und schärferen Sachen aufsagen. Das zieme sich nicht, das entspräche nicht dem rauhen Ernst am Berge Sinai. Aber sie wollte den Wortlaut aufschreiben und im Computer ausdrucken lassen, damit sie alle etwas davon hätten.

„Sagen, was vortrefflich, und tun, was ehrenvoll ist ...“Gracian, Handorakel, Kapiteln 202“, murmelte der Oberstudienrat im Hinausgehen. Der Oberpostrat gedachte einen langen Schlaf zu tun, wie seinerzeit Wallenstein 1634 auf der Burg zu Eger.

Mein Gott, was war an diesem Abend an Lebensphilosophie alles zusammengetragen worden. Sätze, die sie scheinbar schon längst vergessen hatten, waren wieder da. Großvaters Ermahnungen, eigene Erfahrungen und die Offenbarungen von scheinbar blassen Leuten vom gleichen Flur, die sie bisher kaum beachtet hatten. Es war echt Klasse. Sie wurden richtig neugierig. Sie kamen sich menschlich näher. Das mußte man ausbauen. Die philosophische Akademie der Senioren war mit diesem Abend eröffnet. Das war wohl allen klar geworden.

Berta nahm an diesem Abend sogar gleich das Regimentsbild ihres Vaters von der Wand, das er als Fahrer einer bespannten Artillerieeinheit vor Sedan gegen die Franzosen bekommen hatte. „Kanonendonner ist unsere Antwort", stand als stolzer Merksatz unter dem Porträt mit Lorbeerkranz und Feinden. Berta trennte sich schwer von Familie und Jahrhundert, aber sie wollte ein neuer Mensch werden.

„Die Philosophie lehrt das Göttliche verehren, das Menschliche lieben",

hatte *Seneca* und der Oberstudienrat gesagt. Das galt wohl auch für die Franzosen und für Krieg und Frieden. Die Konsequenz tat weh, aber sie war wohl unvermeidlich.

In den folgenden Tagen schleppten sie noch manchen Fund nach dem Abendessen an. „Was du nicht willst, das man dir tu, das füg auch keinem andern zu", hatte Chlothilde noch entdeckt. Der Chinese *Konfuzius* und der Grieche *Aristioteles* hatten den ethischen Leitsatz auf tausende Kilometer Entfernung und demzufolge unabhängig voneinander formuliert.

Wahnsinnig interessant. Der Bundespräsident Herzog oder einer seiner Leute hatte das ausgekramt. Und der besonnene Herr aus Prag regte sich noch einmal auf, weil sich so viele Deutsche nach der Wiedervereinigung über die Beerdigung Friedrichs des Großen im Park von Sanssouci aufgeregt hatten. „Ich habe als Philosoph gelebt und will auch als solcher begraben werden, ohne Prunk, ohne Pracht, ohne Pomp ... Man setze mich in Sanssouci oben auf den Terrassen in eine Gruft, die ich mir habe bereiten lassen", hatte er 1786 in seinem Testament verfügt. 200 Jahre später hatte er endlich seine Ruhe, als es Preußen längst nicht mehr gab. Aber die Aufgeregten fürchteten natürlich präventiv, daß es wiederkommen könnte.

Die Philosophen im Seniorenstift wollten ursprünglich gegen die Preußenfurcht protestieren und für die Philosophie demonstrieren, aber sie ließen es dann doch sein. Sie bemerkten freilich bald, daß sie mit der Philosophie als Amüsement und schmackhaftes Dessert oder dieser aphoristischen Hausmanns-Ethik nicht weiterkommen würden. Das war zwar Philosophie, Lebensphilosophie, moralische Grundversorgung, aber noch lange nicht das, was Philosophieren ausmacht, was gewissermaßen das Seiende des Seins im Heideggerschen Sinn sein müßte. Deshalb kauften sie Bücher und lasen viel, sie gingen in Vortragsveranstaltungen der Kulturgemeinde und luden sich gelegentlich einen Gastdozenten ein, der wie *Sokrates* auf dem Marktplatz von Athen seine Ansichten über Gott und die Welt vortrug und am Ende immer wieder mit Psychoanalyse, Gentechnologie, Treibhauseffekt und Ozonloch die Grundfrage nach der Zukunft der Menschheit stellte, wobei er in der Diskussion zugeben mußte, daß man das Himmelreich nicht ohne weiteres mit dem Ozonloch verwechseln dürfe.

Sokrates, 470 – 399 v. Chr.

Er klagte nicht zu Unrecht, daß die Psychologen, Psychoanalytiker und Psychiater gemeinsam mit den Soziologen und den Demoskopen, sogar gemeinsam mit Verhaltensforschern und Theologen, den Philosophen viel von den eigentlichen, übergreifenden und eben philosophischen Anliegen gestohlen hätten. Zuallererst sei dies ja die Sorge um die menschliche Seele; Seelenvermessung sei aber geradezu ein mathematisch-technisches Problem geworden, eine Marktstrategie für Wirtschaft und Politik und damit ein tiefer Eingriff, über dessen Folgen man sich noch gar nicht recht klar wäre.

„Geh aus mein Herz und suche Freud", ulkten sie wegen der Psychoanalyse eine Weile und weil die Vorlesung anstrengend gewesen war. Andere verabschiedeten sich dezent, weil die „Lindenstraße" um zwanzig vor Sieben begann.

Sie lasen wie die Universitätsstudenten Huxleys „ Schöne neue Welt", den „Tod" des *Sokrates*, der im letzten Augenblick die Gattin Xanthippe aus der Todeszelle weggeschickt hatte, den Kriton an den Opferhahn für Asklepios erinnerte und dann sein Bein bog, weil es schon kalt wurde. Sie lasen auch den „Tod des Seneca" von Heiner Müller, erschauderten vor der Grausamkeit der alten Welt, bewunderten die seelische Größe des Philosophen, bedachten dabei vielleicht auch in flüchtiger Resonanz ihre eigene Zukunft. Sie lasen die „Hymne auf die Dummheit" von Hans Magnus Enzensberger, dasselbe in Prosa von *Erasmus*, Johannes Gross oder Manfred Rommel. Sie hofften mit Ernst Bloch auf das Prinzip Hoffnung, aber sie wußten noch nicht so recht, was sie davon halten sollten, weil er ja doch zuerst ein strammer Marxist in der DDR gewesen war und somit keiner das dreibändige Werk überhaupt gelesen hatte. Utopisch soll es darin zugehen, aber das war ja bei *Marx* auch so gewesen.

Ernährung und Philosophie

Dichter sind meist Philosophen, Philosophen sind auch Dichter. Selbst wenn wir die letzten Geheimnisse ihres Schaffens oder wenigstens ihrer Kreativität nicht kennen, so wissen wir doch, wie sie ihre grauen Zellen stimulierten und den Adrenalinausstoß für Ruhm und Ehre biologisch aktivierten. Alle, die auf irgendeine Weise Philosophen werden möchten, fragen verständlicherweise immer wieder, ob diese Mittel denn den Weg zeigen, ob sie Katalysatoren oder vielleicht sogar Elemente des philosophischen Werdens sein könnten. Sie haben schon früher gefragt.

Ein Arzt des 18. Jahrhunderts hat schon einmal sehr einsichtige Warnungen in Richtung Philosophie ausgestoßen: „Da die Verdauung bei den Gelehrten nur langsam vonstatten geht, so ist es ihnen nicht zuträglich, öfter zu essen", schrieb er, unter dem Eid des Hippokrates stehend. Er wußte wohl, daß der Wind weht, wo er will und wenn es nur Flatulenzen sind. Körperliche Befindlichkeiten können also dem Geist abträglich oder nützlich sein.

Und sie fragen immer noch nach den Urgründen, die Übersichtigen riskieren sogar kräftige Kontroversen um die Frage, ob Verdauungsbeschwerden die Folgen individueller Ernährung oder etwa evolutionärer Entwicklungen seien, und ob damit auch zu erklären sein könnte, warum die Chinesen keinen Käse essen.

Die anthropologische Frage wird auch zur ungewohnten, global philosophischen Ökonomie im Deutschen Bundestag, wenn der Abgeordnete Hauk im Frühjahr 1998 die Essensgewohnheiten der Chinesen mit den Weltmarktpreisen in Beziehung setzt. Das Protokoll hat seine Version gottlob im Wortlaut festgehalten: „Wenn jeder Chinese einen Hamburger ißt – das wird irgendwann einmal der Fall sein – oder auch nur jeder zweite ein paar Hamburger ißt, dann sieht das Thema Weltmarktpreise beim Getreide und beim Fleisch ganz anders aus." Das nennt man positives Denken und politische Philosophie für morgen und übermorgen.

Jetzt untersuchen sie, ob Joghurt oder Jogging mehr das Gehirn durchflutet und den Geist erfrischt. Die Kundenzeitschriften fordern Ursachenforschung, weil die Ärzte Lesestoff in den Wartezimmern brauchen, die den Dialog der Patienten fördern.

Die Briten, die bekanntlich im Fußball und in der frühen Aufklärung bahnbrechend waren, haben auch in der Neuzeit nichts von ihrem Forschergeist verloren. Dramatiker saufen, Lyriker basteln, hat die britische *Times* im Mai 1996 mit britischer Klarheit festgestellt.

Der erfahrene Herr Stadelmaier von der *FAZ* hat dankenswerterweise sofort geantwortet, daß dies nicht so stimmen könne, weil Gerhart Hauptmann, Heiner Müller und andere ohne Differenzierung der Stimulantien ja sowohl Verse wie Dramen geschrieben hätten.

Er hat sogleich herausgearbeitet, wie der Dichter ans Dichten und der Denker ans Denken gerät. Dylan Thomas wurde demnach mit Whisky getauft und hielt sein Taufgelübde bis zur Leberzirrhose. Heinrich Böll mochte den Whisky auch, aber sein Erfolg und sein Problem waren wohl eher die Zigaretten. Marcel Proust trank Lindenblütentee, Robert Musil lieber Wasser, Thomas Mann

Cinzano. Baudelaire war an Opium und Wein gewöhnt, Schiller schätzte den gärigen Apfel noch mehr als den Remstaler Obstler. Gerhart Hauptmann, der am Ende immer mehr Goethe ähnlich sah, hatte als Lyriker und Dramatiker sein flüssiges Tagesprogramm, das Stadelmaier so präzisierte: „Uns ist in bester anekdotischer Erinnerung, daß der Dramatiker Gerhart Hauptmann den Tag mit einer Bouteille Cognac begann, ihn mit zwei Flaschen Rotspon fortsetzte, zum Mittagessen mit ein paar Schoppen Champagner krönte, ihn mit Armagnac fortsetzte und bis in die Nacht hinein wieder mit Rotspon ausklingen ließ."

Den besorgten Arzt überraschte er mit der apodiktischen Analyse, daß es überhaupt keinen Blutdruck gäbe.

Wege zum Genius oder zur ultimativen Philosophie, zu den „forces profondes" oder den untergründigen Kräften des Geistes sind gefragt. Warum *hat Ludwig Wittgenstein*, der übrigens als einziger Philosoph seit Franz von Assisi sein ganzes Vermögen verschenkt hat und kaum mit Krawatte vorstellbar war, zeitweilig nur Cornflakes oder Brot mit Käse gegessen? Ist der Mensch im Sinne *Feuerbachs* nicht nur das, was er ißt, sondern auch das, was er trinkt? Sind Biertrinker, Weintrinker, Longdrinker, Kaffeetrinker oder Wassertrinker erfolgreicher? Fragen, Antworten, Fragen. Mutmaßungen und Annäherungen. Im Marbacher Schiller-Archiv hat man sogar per Ausstellung demonstriert, wo und wie die Weisen am liebsten dachten und schrieben, am Schreibtisch oder im Bett, im großen Salon oder in der Kneipe, im Lehnstuhl mit Meerblick oder am Stehpult mit dem Zwang zur Kürze, im Schloß oder im Gefängnis, mit Federkiel, Kugelschreiber oder PC, jeder nach seiner Facon.

Jean Paul schrieb vor den Toren von Bayreuth in der Rollwenzelei am besten, Gottfried Benn dagegen im Sprechzimmer seiner Praxis, Joseph Roth und Klaus Mann in Hotelzimmern und Ingeborg Bachmann in Rom. Die einen am Tag und die anderen in der Nacht. Faszinierend muß die Arbeitsweise von Ernest Heminway gewesen sein, der am Stehpult schrieb, im bequemen Lehnstuhl das Überflüssige wegstrich, bei allem den Gin mit Pfefferminzblatt nicht ausließ und so den kompakten Stil erzielte. Am einfachsten hatten sie es wieder einmal mit *Sokrates*, weil er überhaupt nicht schrieb und trotzdem unsterblich wurde.

Aber das sind natürlich nur Peanuts oder liebenswerte Nebensächlichkeiten im Vergleich zu dem, was auf die Philosophie heutzutage zukommt.

Der Knackpunkt im Paradies

„Wir haben jetzt in der menschlichen Geschichte das Stadium erreicht, in dem zum ersten Male das Fortbestehen des Menschengeschlechts davon abhängt, wie weit Menschen lernen können, sich sittlichen Überlegungen zu beugen", erklärte der knorrige *Bertrand Russell* einmal. „Unser Zeitalter ist düster, aber vielleicht werden gerade die Ängste, die es uns einflößt, zu einem neuen Quell der Weisheit."

Ja, das war es wohl. Hier mußte eine Philosophie für das Jahrhundert der Physik, der Molekularbiologie und Gentechnologie ansetzen, die über alle bisherigen Erfahrungen hinausging. Die Menschen waren ja schon auf dem Mond gelandet und hatten den fernen Mars photographiert. Sie hatten Tiere geklont und Menschen in Gläsern wachsen lassen. Sie hatten Herz und Leber verpflanzt, die Gehirne geöffnet und das Bewußtsein mit Rauschmitteln erweitert. Aber es war nicht mehr drin als vorher. Sie hatten die Seelen kollektiv vermessen oder einzeln tiefgründig analysiert und dabei einen riesigen Markt von Seelenkranken entdeckt. Sie brachen Tabu um Tabu, bis keines mehr zu brechen war. Die Menschheit hat alle Macht, um die Menschheit zu zerstören, aber die Leute ändern sich nicht. Sie schreiten fort, weil der Fortschritt angesagt ist. Sie gehen in Buchhandlungen und suchen den Weg zum Ich oder auch zum Selbst, studieren Genanalysen und vollziehen Trainingsprogramme, hoffen weiter mit dem Prinzip Hoffnung oder schlagen bei *Kant* wegen des ewigen Friedens nach. Aber irgendwie kamen sie alle und kommen sie alle nicht recht weiter, weil da wohl mit der Schlange auf dem Apfelbaum und der Vertreibung aus dem Paradies etwas passiert sein muß, was die paradiesischen Gene verändert hat. Vorher hatten Adam und Eva wohl im reinen Gefühl ohne die Strapazen des Denkens gelebt, ohne Sorgen um Essen, Trinken und Klamotten, und dann sahen sie plötzlich, daß sie nackt waren, nichts anzuziehen hatten und im Schweiße des Angesichts ihr Brot verdienen sollten. Jeder allein für sich und jeder gegen jeden. Das muß ein Schock mit Langzeitwirkung gewesen sein. Die Urgewißheit, stets nichts anzuziehen zu haben, hat sich vor allem im weiblichen Teil der nachparadiesischen Menschheit erhalten. Da zischt immer noch diese Schlange über den Zaun und kein Mensch weiß, wie sie eigentlich in die paradiesischen Obstgärten hineingekommen und was nach dem Sündenfall aus ihr geworden ist.

„Primum vivere, deinde philosophari – zuerst leben und dann philosophieren",

heißt die uralte Erkenntnis vom Baum der Erkenntnis. Das muß der Knackpunkt im Paradies gewesen sein.

Bert Brecht hat es brutaler ausgedrückt, als er formulierte „Erst das Fressen und dann die Moral", aber es kommt auf das Gleiche heraus.

Die Menschen sind seit der Vertreibung aus dem Paradies, wo die Stammeltern schließlich nur alleine lebten, Egoisten. Sie sind zunächst für sich da und streiten um Nahrung und Reichtum. Die Philosophen versuchen die Umkehr, aber sie verhindern seit Urzeiten keine Not und keine Kriege. Aber das sollte nicht immer so bleiben, weil alles, was denkbar ist, auch möglich ist, glaubte immerhin *Ludwig Wittgenstein.* Demnach müßte auch das Gute möglich sein. Man müßte endlich die Philosophie als soziale Macht aufbauen und endlich den homo sapiens erfinden. Sehr richtig! Es muß endlich „wos gschäng", fordern die Wiener schon lange. Genau das war der Imperativ als solches.

Ist das die Analyse und die Diagnose zugleich für eine raum-übergreifende Philosophie, für einen neuen Elan vital, der mehr ist als die Kraft der zwei Herzen? Oder hat jener britische Unterhausabgeordnete Tony Banks recht, der zumindest für die Insel die politischen Schwierigkeiten zu deuten wußte:

„Jeder, der weiß, wie man es besser macht, fährt Taxi
oder arbeitet als Friseur."

Wer aber mobilisiert die Taxifahrer und Friseure für die reine Weltvernunft im virtuellen Nichts, wenn wir doch weitgehend reif für die Insel geworden sind?

In jener Zeit ungefähr muß auch meine eigene Stunde geschlagen haben, die wohl keine Damaskusstunde oder Nikodemusstunde im klassischen Sinn gewesen sein kann. Sie kam nicht von ungefähr. Ich hatte Schulen und Universitäten besucht, Kulturgemeinden und Ministerien heimgesucht, Bücher gelesen und ihren Inhalt wieder vergessen, Senioren befragt und Junioren erlebt, Büros erheitert und Stammtische genervt. Ich hatte reichlich Rotwein in den Geist investiert und Parties durch meine Anwesenheit bereichert. Bei einer dieser Gelegenheiten brach es wohl instinktiv aus mir heraus. Am kalten Buffet muß mir zunächst die Bemerkung herausgerutscht sein, daß ich nicht nur Philosophie vermittle, sondern selbst ein Philosoph sei. Auf Nachfrage erklärte ich dann in einem reflektierten Kommunique: „Ja, ich bin ein Philosoph. Ich benutze den Tag nur zum Brotwerwerb, in langen Nächten aber entsteht ein gigantisches Werk, von dem die Welt noch reden wird. Vielleicht wird es zehn Seiten, vielleicht auch 98 Seiten umfassen, vielleicht wird es niemals das Licht der Welt erblicken. Aber Sie können sicher sein, daß Sie einen der Unvergesslichen und Unverzichtbaren dieses Zeitalters kennengelernt haben. Sie können sagen, dabeigewesen zu sein."

Sie waren hin- oder hergerissen. Einige ältere Skeptiker dieses postmodernen skeptischen Zeitalters, die immer noch Gürtel und Hosenträger trugen, hielten mich wahrscheinlich für einen Snob oder Angeber. Aber die älteren Damen und auch einige als Damen verkleidete Autonome wollten wissen, wie man denn auch ein Philosoph oder eine Philosophin werden könne. Ich riet ihnen nicht zu radikalen Programmen der Selbsterkenntnis oder Crashkursen der Selbstverwirklichung, sondern zu gleitenden Übergängen. Sie könnten getrost weiterhin Diätpläne studieren und Grünen Veltliner trinken, Autogenes Training betreiben und Filme von Michael Jackson anschauen. Sie sollten aber nicht allen modischen Trends hinterherrennen, sondern auch einmal stehenbleiben oder sitzenbleiben, sich selbst erkennen, sich selbst vertrauen und sich selbst bestimmen, vielleicht sogar bald verwirklichen. Sie sollten in erster Linie mehr nachdenken über das, was Philosophen vorgedacht haben, sich an den großen Vorbildern der Denker hochziehen, die schwierigen Fachausdrücke erlernen und auch nicht verzweifeln, wenn die Wahrheiten von heute vielleicht die Irrtümer von morgen sein werden. Sie sollten sicher sein, daß Philosophie das Eigentliche sein wird, auch wenn die Zeiten nicht so aussehen. Sie sollten die Leidenschaft für das Eigentliche sichern, im Büro oder im Wartezimmer, im Schwimmbad oder im Konzert. Philosophie findet auch in der kleinsten Küche ihren Platz.

Wir tranken leidenschaftlich auf das Eigentliche in Gegenwart und Zukunft und philosophierten über Ansichten, Aussichten und Einsichten. Cogito ergo sum, aber bitte den Buchstaben g wie Gustav nicht auslassen, sonst könnte es vielleicht als Mobbing ausgelegt werden, warnte ich. Sie würden noch von mir hören. Einstweilen könnten Sie meine philosophischen Aufzeichnungen, die Kursbücher mit den Mutmaßungen und Annäherungen gegen ein geringes Entgelt erwerben

Die Zukunftskommission oder:
Es muß etwas geschehen

Bei diesen nur so hingeleierten Ausführungen muß mich ein anonymer Hunter ausgemacht und an die große Zukunftskommission, die ein Wohlfahrtsausschuß werden wollte, weitergereicht haben. Jetzt bin ich mit einem Zeitvertrag dabei, wenn in

Seniorenheimen und Fabriken, in Universitäten und Laboratorien gesucht wird, was zu tun wäre, um das menschliche Glück als letztes philosophisches Ziel zu sichern.

Sie wollten nach einem Gespräch an geheimem Ort zuerst einen Sammelband der philosophischen Einsichten einer postmodernen, psychosoziologischen Metaphysik anlegen, aber sie wußten so wenig wie früher, aus wievielen Hirsekörnern ein Haufen wird, wieviele Engel auf einer Stecknadelspitze Platz haben, ob aufgrund meiner bescheidenen Anfrage aus den Einsichten und Mahnungen 10 oder besser 98 Bände werden sollten, oder ob die ethische Grundversorgung vielleicht auch nur den Umfang der Zehn Gebote oder des Kategorischen Imperativs haben sollte. Sie dachten an ein Manifest, aber sie verwarfen die Idee, weil Manifeste inflationär geworden sind und keine Rendite mehr einbringen. Sie wollten in einer neuen Magna Charta jeder Philosophenschule die Hinwendung zu einer Ideologie oder zu einer Bewegung untersagen und ganz eindringlich auf das abschreckende Beispiel von Robespierre und *Karl Marx* verweisen, denen die radikale Tugendlehre unter der Hand zum Terror degeneriert war. Fanatismus jeder Art müßte gesetzlich verboten und unter strenge Strafe gestellt werden, die Philosophen sollten auch keine Propheten sein und Parteien gründen dürfen. Idealisten müßten sich ausweisen, weil sie meistens mit dem Unheil angefangen haben.

Aber sie verwarfen schließlich auch die Magna Charta. Der Ausstoß von Papier war wohl zur Rettung der Welt nicht mehr geeignet. Also wollten sie eine neue Stadt der Philosophie entwerfen, in der die ganzen Erfahrungen der Wahrheitssuche und Weisheitslehre eingebracht werden müßten, viel breiter natürlich als die alte Philosophenschule von Athen, von gediegenerer Darstellungsweise als das Hyde Corner in London, von revolutionärer Schönheit wie die Kompositionen von Friedensreich Hundertwasser und von höchster Einsichtigkeit – wiederum ganz im Sinne Russels, der den Ansatz formuliert hatte:

> *„Das Notwendigste, was die Welt braucht, um glücklich zu werden, ist Einsicht."*

Hatte ich doch auch schon auf mehreren Parties gesagt, aber keiner wollte so richtig daran glauben. Aber wir müssen bestimmt daran glauben, wenn wir nicht daran glauben müssen wollen.

Die Stadt der Philosophen.
Schwierige Bauplatz-Frage

In dieser Stadt der Philosophie sollte es einen sokratischen Markt geben, autofrei und im Winter geheizt, mit Kantine für Singles, Hausfrauenstudium und Geburtshilfestation, benannt nach der Mutter des *Sokrates*, die eine Hebamme war. Ein Kant-Stadion der reinen Vernunft mit einer Russell-Tribüne des Querdenkens und Studios für das Training der Langsamkeit. Einen Diogenes-Platz der Selbstverwirklichung und des proletarischen Selbstwertgefühls mit eigener Jugendbetreuung. Eine Matratzengruft nach der Pariser Heine-Art mit medizinischer und auf Wunsch auch seelsorgerischer Betreuung gleich neben der platonischen Höhle. Einen Thales-Brunnen aus Heraklitplatten mit lachenden Mägden und Verbandskästen für gestürzte Philosophen. Eine verwunschene Hecke für Adornofreaks und Wittgensteinfans im Lotophagenstil. Keine kasernierte Gemeinschaftsverpflegung, sondern Stoa-Kneipe und Schlemmerlokal für Epikuräer. Schopenhauerstübchen, aber keine Amüsierbetriebe. Schuhhaus Empedokles. Ein virtuelles Staatsgefängnis mit offenem Strafvollzug und Komfort als Meditationszentrum zur Erinnerung an *Sokrates*, *Giordano Bruno*, *Savonarola*, *Jan Hus*, *Rudolf Augstein* und die Jungfrau von Orleans, gleich neben den Bäumen der Gerechtigkeit. Breite Eßtische mit Halbrundeinschnitt für Gestalten mit Bindegewebsproblemen im Bauchbereich wie *Thomas von Aquin*. Eine ständige Bühne für alle Typen und Quartiere für die Eulen in der Nacht, damit die Weisheit nicht entfliehen könne. Und Feuerlöscher überall wegen Brandgefahr der Ideen.

Das alles und noch viel mehr sollte in der Stadt der Philosophen entstehen, als Beispiel und Zeichen der Hoffnung oder als die Inkarnation des Prinzips Hoffnung. Sie wußten aber noch nicht, ob sie ein galaktisches Internet anschaffen, Computer, Video, Mikrowellenherd und Handy in der Philosophenstadt überhaupt zulassen sollten. Man könnte gewiß an den multikulturellen Weiterbau des seinerzeit unterbrochenen Turms von Babel denken, wahrscheinlich wäre aber ein neuer, uneinsehbarer Elfenbeinturm für das gewalttätige Informationszeitalter aus Sicherheitsgründen vernünftiger und preisgünstiger, dachte die Mehrheit. Er müßte gleichzeitig ein weithin sichtbarer Leuchtturm mit gebündeltem Laserstrahl werden. Sie wußten noch nicht, ob sie das Fernsehen als ambivalente Beglückungsanlage und Zeitvernichtungsmaschine lizensieren sollten, weil früher, als es noch kein Fernsehen gab, die Menschen es deshalb auch nicht brauchten.

Unsicher waren sie auch im Hinblick auf die Musik, speziell auf die elektronische Musik in dieser neuen Stadt der Weisheit. Aber sie waren sicher, daß die Philosophen nicht mehr als einmal im Monat öffentlich zu irgendwelchen Fragen Stellung beziehen dürften.

Der Goethe-Satz „Alle Philosophie muß geliebt und gelebt werden, wenn sie für das Leben Bedeutsamkeit gewinnen will" sollte in Lettern aus Teflon über dem Eingangstor der neuen Stadt stehen, die kein museales Disneyland werden dürfe, sondern ein stets fangfrisches und atmungsaktives Center des Weltgeistes bleiben müßte. Der Club of Rome und die Hans-Küng-Stiftung für Weltethos waren einverstanden; das cartesianische „Cogito ergo sum" war als zu elitär und interpretationsgefährdet durchgefallen. Der Internationale Arbeitnehmerverband und die Benediktinermönche wollten sich an der Finanzierung beteiligen, wenn der Grundsatz „Ora et labora" von der Quote halb und halb um ein Drittel zugunsten der Meditation erweitert würde.

Aber sie hatten noch keinen Bauplatz. Deshalb übersetzten sie diesen topographischen Befund aus dem Deutschen ins Griechische und damit in die Wirklichkeit zurück. Sie nannten die Stadt in der Planung einstweilen Utopia.

Heines Traum und die Magd am Brunnen

„Das tätige Leben ohne die Philosophie ist eine Melodie ohne Schönheit und Reinheit", schrieb vor weit über 2000 Jahren der Grieche *Plutarch*, der gar kein hauptberuflicher Philosoph war. Leib und Seele, Denken und Tun, *vita activa* und *vita contemplativa*, beide bestimmen das menschliche Sein: Damit könnte man es belassen. Wir wissen, was gemeint ist. Als Philosophen haben wir den Durchblick. Aber dann entfremden sich die beiden Linien wieder, die reine Lehre tobt sich aus, und immer wieder drängen sich die Zweifel in die Nachtruhe der Klugen, von denen Heinrich Heine gewiß einer war. Aus seiner Matratzengruft in Paris schrieb er die bohrende Frage nach den eigentlichen, wahren und letzten Wahrheiten des Glücks:

Unser Grab erwärmt der Ruhm.
Torenworte! Narrentum!
Eine beßre Wärme gibt
Eine Kuhmagd, die verliebt.
Uns mit dicken Lippen küßt
Und beträchtlich riecht nach Mist.
Gleichfalls eine bessre Wärme
Wärmt dem Menschen die Gedärme.
Wenn er Glühwein trinkt und Punsch
Oder Grog nach Herzenswunsch
In den niedrigsten Spelunken,

Unter Dieben und Halunken,
Die dem Galgen sind entlaufen,
Aber leben, atmen, schnaufen,
Und beneidenswerter sind
Als der Thetis großes Kind.
Der Pelide sprach mit Recht
Leben wie der ärmste Knecht
In der Oberwelt ist besser,
Als am stygischen Gewässer,
Scharrenführer sein, ein Heros,
Den besungen selbst Homeros.

Im klassischen Wissen um Achill und die Atriden hat der todkranke Heine die Frage nach der Lebensphilosophie klassisch und ehrenhaft angerissen, aber eigentlich doch in einem sehnsüchtigen Bewußtsein eindeutig akzentuiert und biologischer beantwortet als *Sokrates* oder *Seneca*. Nach Lebenswärme hat er sich gesehnt, nach Glühwein, Grog oder Punsch, vor allem aber nach der Idee des Weibes oder eben direkt nach der Kuhmagd mit den dicken Lippen.

War uns die Magd nicht am Anfang der Philosophie schon einmal begegnet, nicht als fernes Symbol, sondern als leibhaftiges dialektisches Prinzip? Ja, es war in der reichen Stadt Milet auf dem kleinasiatischen Griechenland, wo die ionische Philosophie wahrscheinlich erstmals in der Weltgeschichte mit wissenschaftlichem Anspruch über die Geheimnisse von Natur und Schöpfung nachdachte. Einer der Philosophen war *Thales*, dessen Interesse vor allem dem Wasser galt. Eines Tages stürzte er in den Brunnen von Milet, der wohl nur einen flachen Rand besessen haben muß. Er hatte seine Augen zu den Sternen erhoben und darüber die irdischen Gefahrenquellen übersehen. Die thrakische Magd aber hat gekichert und den pudelnassen Philosophen ausgelacht. Wie kann man nur so gescheit und so dumm sein?, wird sie wohl sehr erdhaft und sinnlich gedacht haben, als der berühmte Mann tropfnaß wie ein begossener Pudel ausstieg, sich wieder ordnete und in Richtung auf das große Tor von Milet davonschlich, das wir uns im Pergamon-Museum zu Berlin richtig vorstellen können.

Wer klassisch gebildet sein möchte, der mag an dieser Szene die frühe Dialektik des Seins oder das erste Paar der philosophischen Gegensätze ausmachen: in *Thales* den Vertreter des erhellten Apollinischen und in der Magd die Verkörperung des Dionysischen. Man kann es aber auch einfacher halten und einfach fragen, wer denn wohl mehr vom Leben hätte, der berühmte, kurzsichtige, stolpernde Denker, der das Urbild des zerstreuten Professors wurde und vor dem die Pragmatiker aller Länder warnen, oder die schöne, körperbetonte, wahrscheinlich lebensfrohe feminine, aber nicht feministische Magd am Brunnen. Sternendeuter und Magd, die Dialektik am Brunnen: das war der Anfang der Philosophie.

Wer weiß es denn, ob sich die beiden Prinzipien nicht noch am Brunnen für den Abend verabredet und gemeinsam den Himmel auf Erden gesucht haben.